升级版

变速领导力

蔡利华◎著

中国财富出版社

图书在版编目（CIP）数据

变速领导力：升级版／蔡利华著．—北京：中国财富出版社，2019.5（2023.10 重印）

ISBN 978－7－5047－6899－5

Ⅰ.①变…　Ⅱ.①蔡…　Ⅲ.①企业领导学　Ⅳ.①F272.91

中国版本图书馆 CIP 数据核字（2019）第 086657 号

策划编辑　周　畅　　　**责任编辑**　周　畅

责任印制　梁　凡　　　**责任校对**　卓闪闪　　　**责任发行**　董　倩

出版发行　中国财富出版社

社　　址　北京市丰台区南四环西路 188 号 5 区 20 楼　　**邮政编码**　100070

电　　话　010－52227588 转 2098（发行部）　　010－52227588 转 321（总编室）

010－52227566（24 小时读者服务）　　010－52227588 转 305（质检部）

网　　址　http://www.cfpress.com.cn

经　　销　新华书店

印　　刷　宝蕾元仁浩（天津）印刷有限公司

书　　号　ISBN 978－7－5047－6899－5/F·3017

开　　本　710mm×1000mm　1/16　　**版　　次**　2019 年 8 月第 1 版

印　　张　13.25　　**印　　次**　2023 年 10 月第 5 次印刷

字　　数　231 千字　　**定　　价**　45.00 元

前言

时光荏苒，距离2013年2月《变速领导力——管理者领导力进阶指导手册》问世，已过了6年。时至今日，我依然不忘当年写作此书的初衷。

由于工作的关系，我有幸接触到国内外各式各样与领导力有关的学派和模式，也亲身领略过十多位全球范围内领导力专家的言传身教。

当时我的切身感受是，在领导力这一大概念之下，沟通导向型、管控导向型、教练导向型、变革导向型、心智导向型、人格导向型、自我修炼导向型、组织行为导向型，以及其他导向型的领导力模式以各种名义和主题呈现出领导力的不同“侧面”，但“领导力真正的全貌是什么”越来越混乱和模糊。

因此，我当初写作《变速领导力——管理者领导力进阶指导手册》的目的就是整合，即通过梳理、提炼和归纳，把包罗万象的领导力从复杂、碎片化的概念真正转化为清晰简明且高度结构化的系统。

花费了整整3年时间，我和团队找出了构成领导力完整系统的19个“核心侧面”，并且梳理出了这19个“核心侧面”之间的结构关联，最终合并提炼出领导力作为一套实战系统的4个“关键层面”，我称之为领导力发展的四大变速挡*，这就是本书成书的起源和背景。

《变速领导力——管理者领导力进阶指导手册》一经问世，便获得了业内较大的认可，入选权威媒体评选的“2013年度中国最具影响力十大优秀管理巨著”。追随者力、面对面领导力、间接领导力以及组织决策领导力，这四大变速挡已经成为不少企业领导力发展的基本标准和核心框架。

自《变速领导力——管理者领导力进阶指导手册》问世至今，我也经历了这套模式与诸多企业相互碰撞、融合与内化的过程，这反向促使我对

---

* 本书以汽车变速挡比喻领导力发展的不同层次，因此全书以“变速挡”一词描述。

变速领导力的相关内容进行持续优化与升级。

在此次改版中，优化改善主要体现为“三化”，即“结构化”“精简化”以及“创新化”。

以“结构化”为例，在第二章，我增加了四大工具如何“精准性使用”和“组合性使用”的内容，以避免读者把面对面领导力四大工具割裂开来，单独使用，帮助读者根据各工具之间的结构关联进行整体运用。

以“精简化”为例，为了让变速领导力的方法工具更实用、更有效，我在多个部分增加了关于如何“简化落地”的内容。例如在第四章第二节的“标准执行流程”部分，我增加了如何利用“数字化”“简明化”以及“口诀化”让复杂流程快速落地的内容。

以“创新化”为例，我试图让变速领导力的多个关键方法工具更具与众不同的原创性和独特性。例如在第二章第一节，我提出了执行力闭环必须从下游跟进转移到源头授权的全新理念。又如在第四章第一节，我提出愿景引导的关键不在于愿景描绘未来，而在于愿景拉动现状的“锚”效应。

虽然出于版权保护的考虑，我未能将变速领导力全部核心工具在本书中一一呈现，但我依然期待本次改版能让新版相比原版更贴近我希望呈现给读者的内容。

在此特别感谢佩斯领导力商学院主席泰德·普林斯，西点军校原首席战略官拉里·唐尼索恩，美国360咨询集团主席迈克·艾科斯塔等专家给予本次改版的宝贵意见和建议。

本书虽然是我原创的，但有不少知名企业的商学院和企业大学，为本书的不断丰富和完善投入了不菲的资源、精力和时间，对此谨向这些商学院和企业大学表示由衷的感谢和诚挚的敬意。

蔡利华

2019 年 6 月

目　录

开篇语
领导力发展的四大变速挡

【案例】

四大公子

在香港奥科集团总部顶楼会议室里，集团主席兼创始人李风云接见了著名的领导力发展顾问欧阳华。奥科集团经过全体员工20多年的奋斗和打拼，现在是一家拥有十多家子公司，资产超30亿元的集团公司，业务遍布亚洲各地。

李风云此次邀请欧阳华面谈的主要目的，是想就自己关心的接班人问题向欧阳华请教。李风云首先推心置腹地介绍了自己四个儿子的状况。

四公子李世才性格敦厚腼腆，踏实肯干，并且最喜欢钻研新产品。他为人谦卑，朴素，低调，而且自律性强，有事能带头苦干，周围同事和公司创业元老都很喜欢他。只可惜他自认为不是当领导的材料，厌倦带队管人，有好几次让他担任项目经理做到中途他便以难堪重任请辞，所以至今他的职务还是研发部挂着虚名的经理助理，下面没有一个下属，他却乐在其中。

三公子李世杰目前担任工程部经理，为人仗义，能和十几个下属称兄道弟，不分彼此，他经常和下属一起加班，一起吃饭，一起外出游玩。他在外参加培训学到了知识和方法，一定会手把手教给每个下属；哪个下属有什么困难，遇到什么难题，他也会及时支持和帮助。他的为人处世让这帮下属的确有“士为知己者死”的士气和豪情。两年前，由于李世杰的出色表现，他被推荐为整个地产事业部的总经理，管辖着包括工程部在内的多个部门以及遍布7个城市的分公司。然而，让人意想不到的是，李世杰在半年后主动辞职，还是回工程部当他的小部门经理。当李风云追问其原因时，他的回答是管十多个兄弟他能应付，管几百个遍布各地的员工他感到分身乏术，24 小时加班都应付不了。

二公子李世誉在过去短短 5 年内，迅速从项目经理升任为事业部总经理，已经成为公司的管理高层。国外著名大学 EMBA（高级管理人员工商管理硕士）毕业的他，为所管理的超过 500 人的大团队，建立了严明的规章、科学的流程和清晰的权责利划分。并且，他所在事业部的文化建设搞得有声有色，内部经常会举办各类文艺和宣传活动，公司的愿景、价值观、企业文化等，在这个事业部中最被员工熟悉和认可。李世誉杰出的才能和表现，赢得了李风云的关注和青睐。但令李风云感到遗憾的是，可能是李世誉太优秀了，他所管辖的事业部，这几年很少有优秀的管理苗子冒出来，现有的关键岗位管理者都快到退休年龄了。如果这一现象两年内不加改变，那整个事业部将面临青黄不接的困境。

大公子李世昌和父亲一起创业，在公司任职超过 20 年。他从基层做起，现在已经是公司的执行副总裁。他颇有其父的大将风范和战略眼光，对局势的判断和洞察非常准确，对企业每个阶段的规划都有独到的见解。随着自己的步步升迁，他培养的很多下属也逐步成为公司各部门的骨干。他经历过多个不同类型公司一把手的历练，其中既有新合并组成的公司，也有在内地新创业的公司，有面临动荡和分裂危险的公司，也有稳定成熟的公司，但无论哪种类型，他都能轻松驾驭。但令李风云担忧的是，或许是这几年成绩不俗，或许是认为公司 CEO（首席执行官）接班人位子胜券在握，李世昌变得有些居功自傲，对一些创业元老也经常出言不逊。而且最近他和一个三线的女明星谈起了恋爱，有很多传闻在公司内造成了很大的负面影响，不少员工都在背后指指点点，说他为这个明星买了豪宅，买了豪车，侵吞了公司的资产。

李风云诚挚地向欧阳华请教，自己该选择谁作为接班人。欧阳华感谢李风云对他的信任，并说他也没有特别的答案，但他希望和李风云谈谈领导力发展的不同阶段。

欧阳华表示：李总，您以前经常开车，都知道手动挡的车在驾驶过程中，随着速度越来越快，需要不断切换变速挡。而领导力发展也是如此，随着所管理团队规模的越来越大，随着在组织中的层级越来越高，领导者的领导力也需要切换变速挡。领导力发展的四大变速挡分别是第一挡追随者力，第二挡面对面领导力，第三挡间接领导力，第四挡组织决策领导力。

巧合的是，您的四位公子，正好位于领导力发展的四个不同变速挡上。四公子世才体现出非常好的自我管理和向上管理，自律性强，深受上司赏识，因此他的追随者力很强。但他不习惯带队管理，连项目经理的职位都无法胜任，那就表明他切换到第二变速挡即面对面领导力时受到了挫折，他还没有能够成为一个能带动下属、发展下属、提升下属的面对面领导者。因此，个人建议，需要给世才制订一个领导力提升计划，通过系统的培养，让他从面对面领导力开始，不断地沿着四大变速挡向上提升和切换，看看他到底有多大的潜力，评估他最终到底能在领导力发展上达到哪个阶段。虽然世才目前还严重缺乏领导能力，但他良好的追随者力为领导力向上变速换挡奠定了坚实的基础。如果他最终被证明的确不适合当领导，那他可以沿着技术或专业职业生涯发展自己，同样也能创造出属于自己的辉煌。

三公子世杰则一看就知道是个出色的面对面领导者，体现出了很强的面对面领导力，能够和小团队的下属打成一片，获得他们的信任和追随。但他在向上切换到间接领导力时遇到了重大挫折，因为在沿用面对面领导力来管理超过500人的大团队时，他的精力和时间根本不够用，他的领导重点和方式需要转变。如果说面对面领导力讲的是“人治”，那间接领导力则讲究“法治”，管理大团队不能再靠领导者个人的能力，而需要靠团队的愿景、价值观、制度、流程以及团队精神等。对于三公子世杰，需要制订一个专门的培养计划，让他先到更高的团队管理岗位上进行磨炼，并安排专业的老师和顾问给予指导，看他的个性、习惯、思维等能否胜任大团队管理，能否培养出合格的间接领导力。等他的领导力发展成功切换到间接领导力，再制订计划培养他的组织决策领导力，步步为营，循序渐进。

二公子世誉则已经是一个成功的间接领导者，已经能摆脱对自己个人能力的依赖，靠规章、制度、文化、流程等来管理大团队。但他的问题是还缺乏大局观，缺乏组织的整体意识，尤其缺乏组织决策领导力的核心能力：为组织培养未来领导者梯队。组织决策领导者最大的特征，不仅是让自己成为优秀领导者，更是让自己成为更多优秀领导者的领导者。因此接下来您必须培养他的全局观，培养他的组织决策能力，推动他向组织决策领导者转变。

大公子李世昌显然已经深得您的真传，是一名合格的组织决策领导者，已经到了领导力发展的最高挡位。但根据最近几年的表现，显然他在自我管理方面出了问题，他对自己的言行举止，对自己的形象声誉等，缺乏严格的自律，他的追随者力出了问题。因此，并不是说领导力的发展，一定是从低挡位自下而上的，也有可能是从高挡位自上而下的。例如大公子世昌，就需要回过头来再次提升和修炼追随者力，因为缺乏这个基础变速挡，面对面领导力、间接领导力、组织决策领导力都会失去支撑，出现问题。

欧阳华说："李总，我能分享的就这么多了，具体您来定夺。我的意见是九个字——先发展，再观察，后选择。"

李风云起身握着欧阳华的手说："我的感触是八个字——茅塞顿开，豁然开朗！"

李风云和欧阳华的对话，反映的不仅仅是奥科集团的内部事务，更折射出目前各大企业在领导力发展上普遍存在的问题。对很多企业而言，"领导力"这三个字还是个笼统的概念，对处于不同管理层次，拥有不同管理资历，体现不同管理水平的各级领导者，并没有做到在评估其领导力发展阶段的基础上设计差异化的培养发展计划。而案例中欧阳华提出的领导力发展四大变速挡的模式，清晰地表明不同领导力变速挡有不同的能力要求、不同的工作重点和不同的衡量标准，这不仅让李风云豁然开朗，找到了如何培养和发展四个儿子的清晰思路和规划路径，也可以让许多企业领导者找到自己的定位，发现自己的短板，明晰自己下一个发展阶段，同时也可以为很多企业的领导者培养规划提供明确的阶段划分和方向指引。

【观点】

领导力发展的四大变速挡

正如汽车在不同的路况和速度下行驶需要换挡变速一样，领导者在其职业生涯发展的过程中，随着团队规模的扩张和管理职级的提升，面对不同的管理情形和领导对象，其领导力发展也需要相应地换挡变速（领导力发展的四大变速挡见图 1）。

领导力发展的第一挡是追随者力，这一变速挡被称为基础变速挡，因为它是领导力向更高阶变速挡发展的基础和基石，其他三个变速挡只有在追随者力的支撑之下才能更好地发挥效果与体现价值。

领导力发展的第二挡是面对面领导力，这一变速挡被称为标准变速挡，意味着这是领导力最标准的配置，反映出一个优秀领导者必须确保具备的领导素养和必须确保掌握的领导方法。

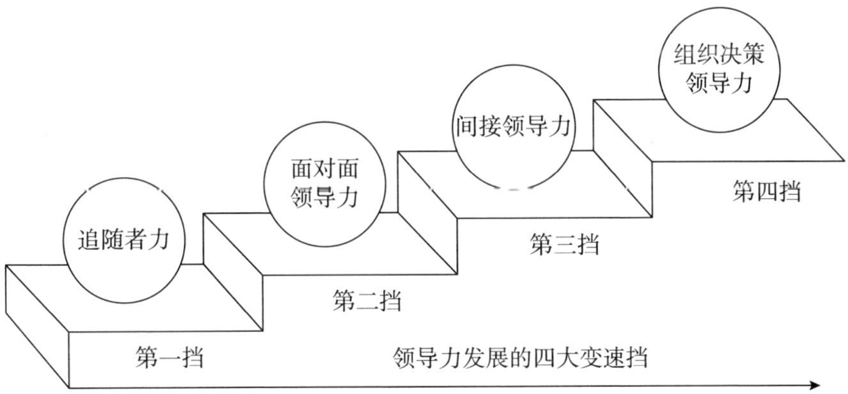

图 1　领导力发展的四大变速挡

从第二挡面对面领导力向第三挡间接领导力的跨越是个关键的成长和突破，这是衡量管理小团队的中基层领导者是否能升级为管理大团队的中高级领导者的关键步骤，因而间接领导力又被称为领导力发展的关键变速挡。

第四挡组织决策领导力则被称为领导力发展的升级变速挡，它能反映出一个领导者是否拥有站在行业变化和公司变革高度审视整个公司管理的大局观，它帮助领导者从“静态管理”升级为着眼于未来变化的“动态管理”，它更帮助领导者从“局部管理”升级为站在组织发展高度的“全局管理”。

领导力发展的四大变速挡的定义描述如表 1 所示。

表 1　领导力发展的四大变速挡的定义描述

领导力发展的四大变速挡	特征与应用
领导力发展的基础变速挡：追随者力	• 追随者力是领导力向更高阶变速挡升级的基础和基石。领导者的面对面领导力、间接领导力和组织决策领导力之所以能充分发挥效用，离不开卓越追随者力的支撑和保障 • 追随者力体现了领导者严格的自我管理和高超的向上管理能力，它是领导者在组织和团队上下赢得信任和认可的基础与前提

续 表

领导力发展的四大变速挡	特征与应用
领导力发展的标准变速挡：面对面领导力	• 面对面领导力是优秀领导者必须确保的标准能力，反映出领导者必须具备的领导素养和必须掌握的领导方法 • 面对面领导力体现出的是领导者针对直接下属面对面进行指导、激励、规范、培养和提升的能力，展现的是领导者针对下属个体“一对一”的领导能力
领导力发展的关键变速挡：间接领导力	• 间接领导力是界定和衡量一个领导者是否具有成为高阶领导者的合格素养和大团队领导能力的关键变速挡 • 间接领导力体现的是领导者对人数规模远超自己最佳管理幅度的大团队的治理和统帅能力。如果面对面领导力被称为领导者面对直接下属个体的“一对一领导力”，那间接领导力则可被定义为领导者面对团队整体的“一对多领导力”
领导力发展的升级变速挡：组织决策领导力	• 组织决策领导力体现的是领导者成为整个组织引航者和决策者的能力，它是衡量领导者是否能迈向领导力发展金字塔塔尖的变速挡 • 组织决策领导力展示的是领导者对于组织发展动态把握的大局观，具体体现在领导者根据公司变革、环境变化而进行的人才发展储备，根据轻重缓急而进行的决策模式转换以及根据所属团队发展阶段变化而进行的领导力角色转换

第一章

领导力发展的基础变速挡——追随者力

【案例】

“不想当元帅的士兵不是好士兵”，这句话激励了很多希望成为领导者的年轻人。然而，这句名言中引出的一个更值得反思的问题是，一个连士兵都当不好的元帅还是一个好元帅吗？

一个年轻的职业经理人在填写一份某著名跨国企业储备干部申请表格的时候，碰到了一个问题：“你曾是一位好领导吗？”他考虑了一下，最后还是决定如实写：“不是，我曾是一位好员工。”当他把申请表递交上去的时候，他确信因为那个答案让他失去了这次机会。

但不久后，他收到了那家公司人事总监的电话：到今天为止，我们已经收到了数以千计的申请表，几乎所有人，包括刚毕业的大学生，都在申请中写上本人曾是个好领导，只有你一个人给了“不”的回答。虽然我们招聘的是储备干部，未来的公司管理者，但一位好的管理者一定是从好员工中走出来的。更重要的是，我们看到了你作为一位好员工的优秀品质，那就是诚信，这对做一位好领导者而言，同样是至关重要的。所以我在这里提前恭喜你。

任何一位期望变得更加优秀、更加出色、创造更佳业绩的领导者，一定需要学习如何成为一名优秀的追随者，一定要学习如何培养和塑造自身的“追随者力”，一定需要以杰出的追随者力作为领导力发展的基础和支点。

惠普中国区前总裁孙振耀在惠普 23 年职业生涯中，经历了 18 位不同风格的上司，可以说，他既是一位优秀的领导者，又是一位好的追随者。他曾经说：“首先做一个好的追随者，才能做一个好领导，有一天你做领导的时候，你部门的人也能够这样对你。”

因此，要想成为一名好领导，最根本的自我修炼并不是去花很多心思学习领导艺术，或者学习如何驾驭和领导别人的一些表面方法和技巧，这种学习无异于舍本逐末，远离了领导力真正的内核。对于各级管理者而言，要想成为一名真正的领导者，就必须先学习做一名好的追随者。很多领导者一旦身居高位，就觉得自己需要提高的是如何领导他人、如何领导团队、如何领导组织、如何提升领导力，他们并不认为自己还需要学习成为一个好的追随者，需要培养追随者力。追随者力对领导者的价值和意义如表1-1所示。

表1-1　　追随者力对领导者的价值和意义

整合双面身份	• 在任何一个组织和团队中，几乎绝大部分领导者都具有双面身份和角色。他们既是其下属和团队的领导者，承担着向下管理的职责和使命；他们同时也有上级，也有领导，也是别人的追随者，也承担着追随者的角色和任务 • 因此，学习追随者力能让他们更好地在组织中起到承上启下的作用，更能帮助他们通过获得上级的信任和支持进而更好地提升下属团队的绩效
提升领导艺术	• 追随者力更能大大提升领导者的多面性，让领导者能做到根据不同的对象切换自己的身份和角色 • 即便对方是自己的下属，即便对方职位比自己低，但只要对方在某些方面比自己更专业，更资深，更富资源，更有经验，掌握追随者力的领导者会运用追随者力和他们互动，会马上认真倾听，认可赞美，采纳建议，虚心求教，甚至不惜把自己的身份降得足够低去寻求帮助 • 大量的案例表明，那些愿意放低身份，用追随者的角色来和某些资深或者有专长的下属沟通的领导者，他们受认可程度更高，被支持程度更高
塑造领导品质	• 追随者力的培养和塑造，能让领导者更好地进行自我管理，塑造良好的领导品质和行为习惯，提升领导者的个人魅力和在下属心目中的形象 • 追随者和领导者虽然分工不同，职级不同，但两者所必须具备的优秀品质和素养，却基本都是相通的 • 正如那些比士兵还能自律的将军更能获得服从和尊重一样，具有超强追随者力的领导者，能通过言行一致的表率作用，让团队的价值观，政策，规范等真正落地

在创办新东方学校以前，身为北大教师的俞敏洪为其他培训机构打工。工作中俞敏洪发现许多培训学校在对学生的态度、管理和理念等方面都存有缺陷。“我也是从学生走来，而且为了高考还参加过辅导班。我就

想，如果我来管的话，通过什么样的方式才能帮助学生、吸引学生。”像俞敏洪这样从一个出色的追随者成长为一个卓越领导者的案例和故事比比皆是。张朝阳不曾是追随者吗？马云不曾是追随者吗？很多叱咤商场的风云人物，正是因为在追随他人的时候塑造了良好的思维方式和行为习惯，良好的自我管理和向上管理，良好的责任意识和敬业精神，才直接导致他们在后来成了备受尊重的领导者。

第一节　领导者与追随者的互动关系

一、追随者力的内涵与价值

提到追随者，我们往往会把它和下属混淆在一起，认为两者含义相同，本质类似。然而对领导者而言，首先要区分追随者和下属之间的区别，而后才能深刻掌握什么是追随者力。追随者和下属的区别如表1－2所示。

表1－2　　　　追随者和下属的区别

对比项目	追随者	下属
定义	追随者（follower），指追随别人的意见和教导或者模仿他人的人	下属（subordinate）指部下或者下级，汉语中，下属与下级为同义词，都是指在同一组织系统中等级低的人员
对应概念	追随者的对应概念是领导者（leader）	下属的对应概念是上级（superior）
面对对象	追随者在工作中所面对的实际对象可以是自己的上级，也可能是自己的同级或下级。优秀的领导者会对比自己在某些方面更专业和资深的同级或下属扮演追随者的角色	下属在工作中所面对的实际对象一般都是组织和团队中比自己职位高的上级人员

从追随者和下属的对比中不难发现，追随者并不受实际的职级和上下级关系的限制，它更多的是从影响力的角度来区分谁是领导者，谁是追随者。例如一位刚履新的部门总经理，向部门内一位工作超过20年的资深工程师虚心请教技术更新的建议和经验，不仅认真进行记录，不断称赞，并且对每个建议都认真回应，同时进行承诺。在这个过程中，部门总经理扮

演了追随者的角色，因为资深工程师的能力和经验在技术变革领域更具影响力。那究竟什么是领导者需要培养的追随者力呢？追随者力的内涵，包括定义、核心能力和应用价值可以归纳为表 1 – 3。

表 1 – 3　　追随者力的内涵

内涵	追随者力
定义	追随者力是追随者通过严格的自我管理展现出优秀的个人品质和行为操守，以及通过良好的向上管理获得更多信任、资源、认可与支持，从而在组织上下建立一致信任和普遍认同的能力
核心能力	自我管理：领导者需要体现出高度的言行一致和自我约束，能在道德、情绪、形象、言行、品质等各个方面树立典范和示范作用，这是领导者所需展现的追随者力的核心内容之一 向上管理：领导者则需要培养高超的向上沟通的能力，培养与自己的领导建立互信以及获得支持的能力。这里所指领导者的领导者，既可以是其上司，也可以是职位未必比他高，但在专业、经验、阅历、能力等方面体现出非凡影响力的人
应用价值	追随者力可以帮助领导者通过严格的自我管理树立良好形象和示范效应，赢得上级和下属的信任，并且让自己倡导的价值观、政策、规范等更容易获得团队成员的认可和遵从 追随者力可以帮助领导者与自己的上级建立融洽的互信关系，从而获得上级更多的关心、支持和资源分配，进而可以为自己团队绩效的提升提供更强大的助推力 追随者力可以让领导者灵活地切换角色，更好地与团队中具备非凡能力、资源、经验、资历等影响力的下属进行向上管理，从而获得他们更大程度的认可与服从

追随者力的一大定义、两大核心能力和三大应用价值，清晰地彰显了追随者力对领导者的重要意义，也清晰地指引了领导者应在怎样的场合对怎样的对象如何更好地应用追随者力。

【案例】

年底，人事部一纸通知，让 JIT 公司首席技术总监向君居然在本来只是形式的内部竞聘会中被拉下马了，而接替他的，却是自己一手提拔的得意门生林风。

这次竞聘会的结果，林风事先听到总经理徐冰透露过，却没想到来得这么快。但他现在最害怕的事情就是掌握公司生产系统整合项目核心技术的向君，会一怒之下离公司而去。徐冰和其他领导所希望看到的生产系统整合项目，如果没了向君的支持，会立刻倒退回两年前的水平。如今，过去的老领导变成了下属，他该如何应对角色的转换？又该怎么样让老领导乐于将经验传授和分享呢？这些难题，像大山一样压在林风头上，令他顿觉压力。

徐冰给林风竞争上岗后提的第一个要求，就是尽快让生产系统整合项目上线。林风虽然之前一直在协助向君做这项工作，但是毕竟不是直接管理者，很多事情他并不了解，除了邮件和表格里提过的内容之外，还有更多的具体问题都藏在了向君的肚子里。

幸运的是，向君没有提出辞职，但是他变得很沉默，每天只是呆坐在自己的办公桌旁，不知道做些什么。林风试图跟向君谈谈，但是后者似乎不怎么想说话，交流成了一件无比困难的事情。无论林风问什么，向君都只是含混地哼上两声，算是回答。

林风发现，继续开展工作成了一件极为困难的任务。但是他又不愿意在向君和其他人面前流露出这种情绪，而真的拉下脸去跟向君说好话，请求他给些建议，林风觉得张不开嘴——不管怎么说，身份已经逆转了，难道要自己卑躬屈膝地去讨教吗？这种相处模式他觉得自己做不来。徐冰察觉到之后，给他建议："老向已经不是咱们的一把手了，你就让他写个详细的报告给你呗，只要觉得不详细就让他重写，直到把你要的东西挖出来。"

"这样不好吧。"

"有什么好不好的，制度就是制度，难道说他当过领导，就一辈子是领导吗？"

林风决定试一试。第二天，他语气坚定地跟向君提出，请他就之前的工作情况写一个交接报告。向君当面没说什么，但是也没直接答应。3 天以后，林风催着向君交报告，后者却请了病假。

这病假一请就是一星期，林风实在按捺不住，却等来了医院开具的请假证明，证明上说向君的眼角膜出了问题，建议近期不要对着电脑屏幕工作。于是，写报告的事情，就搁置了下来。

三个星期以后，徐冰询问林风，系统上线的工作进行到什么程度了。林风只觉得头疼，这阵子，光是整理向君留下来的摊子，就让他焦头烂额。他想跟徐冰谈谈这个问题，刚想开口，徐冰就敏锐地意识到他的意图，打断他说：“这个问题你自己想想办法，向君这个人我了解，不是一个因私废公的人，你可以好好再与他沟通一下，如果还不行，就换一种方式、方法。”

林风只有再去搜肠刮肚地想办法。带着一肚子疑问，他请所有的下属们吃饭，喝到酒酣耳热之际，他牢骚了两句，说向君如何不识抬举。最糟糕的是，自从那场酒之后，从前跟他关系不错的同事兄弟，似乎都用异样的眼神看他，也不再与他掏心掏肺了。上有领导的催促，下有同事的掣肘，林风感觉有一张无形的网，令他无论如何也挣脱不开，项目进展举步维艰。

如果直接去跟徐冰诉苦，一定会让领导误以为自己能力不足。再这样下去，不要说按照领导的意图如期让系统上线，他自己能否坐稳这个位置都成问题。到了现在，他才意识到，当年的向君在领导位置上付出了多少心血和看不见的努力。

迫不得已，他再度去找向君，想要从自己的老上司那里，体会真正的领导艺术。

在这个案例中，林风和向君的身份发生互换，原先的领导变成了自己的下级，这对新任的首席技术总监林风是个很大的挑战。

根据 CEO 徐冰的建议，林风需要明确双方现有的角色和身份，对向君的工作要求不顾及情面，该怎样就怎样。但林风依计而行的结果是向君托病休假，团队成员认为自己不通人情，而 CEO 徐冰觉得他办事不力。诚然，在角色互换后，林风是向君的上级，应该扮演领导角色。但抛开正式的职位划分，无论是从技术能力、专业背景、对项目的熟悉程度、管理能力还是和团队员工的关系等方方面面而言，向君的影响力更大，角色更关键。

因此，如果林风能实施高效的追随者力，运用向上管理的技巧，把向君看作领导者，虚心请教，坦诚交流，开放沟通，积极寻求帮助，给予向君极大的心理满足，在相互关系上建立足够的信任，结果会截然不同。

在现实的职场中，有大量和林风类似的领导者，把自己的位置牢牢地定在上级、领导者上面，总喜欢运用自上而下的沟通，运用领导者的权威和权力来实施领导，而不愿意针对那些具有特殊“影响力”的下属，发挥追随者力的效用，运用自下而上的柔性沟通方式，获得让对方“心悦诚服”的认同。通过林风的这个案例，我们至少可以获得两点启发。

第一，追随者与领导者在身份上是相对的。追随者与领导者的身份是处于不断变化中的。在不同的时间、不同的场合、不同的组织中，领导者可以变成追随者，追随者也可能变成领导者。随着领导者对追随者的培养，随着组织的发展，追随者也可以成为新的领导者。而且，在不断进行的组织变革中领导者与追随者的地位也是不断变化的。

第二，追随者与领导者存在着互相追随、互相领导的关系。“好的领导者同时应是好的追随者。”领导者和追随者有很多共通之处：善于倾听、合作精神、自我约束等。领导者有主动权，追随者也有很大的主动权，如果领导过程中发生了变化，追随者可能追随到底，也可能放弃追随。

【案例】

小张在某饭店洗衣房上班，他很不满意自己的工作，愤愤不平地对朋友说：“我的经理一点也不把我放在眼里，改天我要对他拍桌子，大不了辞职不干。”“你把洗衣业务弄清楚了吗？各岗位操作流程你懂吗？去污渍的窍门明白了吗？你每次表现都是最好的吗？经理的本事你都学习到了吗？”他的朋友反问道。“还没有。”小张说。“君子报仇十年不晚，你不如将饭店的洗衣房当作免费学习的地方，努力表现，等经理离不开你的时候再一走了之，不是既有收获又出气吗？”朋友提出了建议。

小张认为有道理，于是便默记偷学，不断钻研业务，每天上班比别人早，下班比别人迟，而且经理让做什么就做什么，不让做的还抢着做，虚心求教。一年之后，朋友问他：“现在你可以准备不干了吧？”“可是现在经理对我刮目相看，不断委以重任，我现在已经是洗衣房的主管！据说还要提拔我呢！”“我早就料到了！”朋友笑着说，“当初经理不重视你，是因为你还不是一个好下属。现在他准备提拔你，是因为你是个合格的管理者。”

在这个小故事中，小张刚开始是一名不合格的下属，但后来中了朋友的激将法，努力提升自己的追随者力，反而成了一个出色的管理者和领导者。而小张的表现之所以受到认可，不仅来源于他对自我表现和行为举止等方面的严格要求，更来源于他对自己与经理之间的沟通方式、协作方式和配合方式进行了极大转变。而这两点，被称为追随者力的两大核心，即领导者的自我管理和领导者的向上管理（见图 1－1）。在即将深入了解追随者力这两大核心之前，我们需要先去探寻追随者的类型以及领导者和追随者的互动关系。

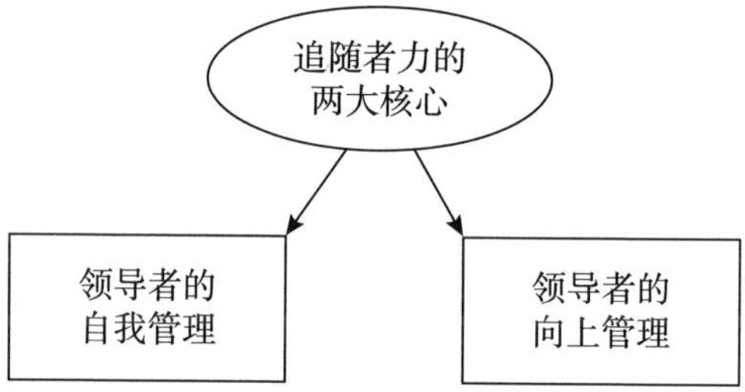

图 1－1　追随者力的两大核心

二、领导者与追随者的关系

【案例】

艾伦是一家著名公关公司策划部总监，最近公司通过校园招聘，为策划部新招了四个大学毕业生。按照公司老总杰森的说法，这是为策划部补充新鲜血液，增强活力和创新力。

一个月后，杰森和艾伦一起吃饭，杰森问起了这四个大学毕业生的表现。艾伦长叹一声说："人和人之间的差别啊，刚开始真是看不出来。这不，还不到一个月，真是特点鲜明啊。"

杰森兴趣大增："怎么说?"

艾伦说："这四个人的实际情况，还不能只看他们毕业的学校、学的专业和面试的第一印象。就拿毕业于名牌大学广告系的小 A 吧，能力的确很强，有自己的独特想法，但总感觉不是很积极。多次团队创意活动，他发言不多，不愿意加入讨论，但到最后，总会有一些不同看法。我有时经常会去找找他，甚至请他喝茶聊天，但他似乎总愿意和我保持一定距离。他每次完成的任务还是能显示出功底和能力的，但他的刻意疏远到底是名牌大学养成的高傲还是其他原因，我现在不是太清楚。

"而那个行政部推荐的小 B 呢，这小伙子做事总是拖拖拉拉，有时候交给他的任务我总是千叮咛万嘱咐，因为不交代清楚他容易做错。我现在只能给他一些简单的任务，很多事情他还没有能力做好。

"在我们这里实习过的小 C，态度绝对好，经常来找我问这问那，交给他的事情真是全力以赴去做。但目前尚且不能独立完成，经常需要我手把手地教，或者经常去指点纠正。

“我现在最满意的是小 D，别看不是名牌大学毕业的，自学能力却很强，在专业能力上甚至超过了小 A，而且工作主动，完成了自己的事情后，还来找我要活干。很多事情我交给他后，根本不用操心，他总能给我想要的结果。”

杰森听了，叹了口气说：“是啊，我感觉在我们公司，不管哪个部门，不管新同事还是老员工，都有这四个人的影子啊。”

艾伦对四个毕业生做了直观的点评，而这四个大学生的行为特征，正好反映了四类追随者的行为风格（见图 1－2），具体情况如下。

（1）小 A 的行为风格属于疏离型追随者。

（2）小 B 的行为风格属于被动型追随者。

（3）小 C 的行为风格属于顺从型追随者。

（4）小 D 的行为风格属于典范型追随者。

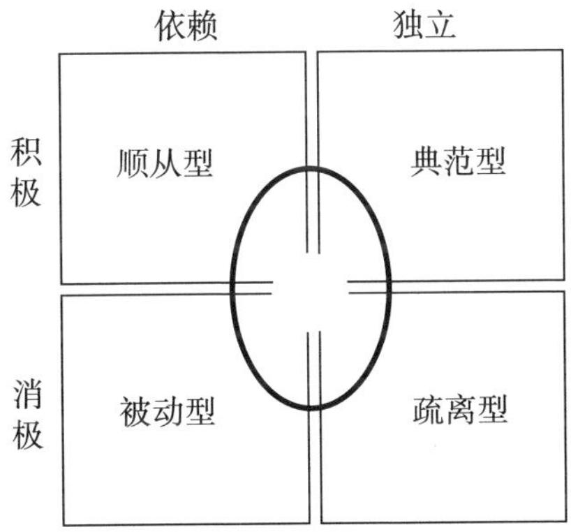

图 1－2　四类追随者的行为风格

我们可以用态度和能力两个维度来衡量追随者，态度可以分为是积极还是消极，能力可以分为对领导者是依赖还是独立，由此可以归纳出追随者的四种类型。

工作积极但对领导者依赖的称为顺从型，工作消极但对领导者依赖的称为被动型，工作消极但相对独立的称为疏离型，工作积极但相对独立的称为典范型（见表 1－4）。

表 1－4　四类追随者的行为特征

类型	行为特征
顺从型	• 顺从型追随者是那些习惯于服从命令的人，他们不带有任何怨言，积极地去执行命令。由于顺从型追随者过于积极，有很强的执行力，一旦他们执行的命令与组织行为和政策所奉行的规范相抵触，将会变得很危险。因为他们对其执行的命令没有任何批评性的评估，缺乏对其上司的质疑是顺从型追随者的特点 • 顺从型追随者是积极的参与者，他们把自己视为是负责任的奉献者，但他们对领导者过于信任和信赖，缺乏独立工作能力和独立思维 • 顺从型追随者应该认识到他们需要提升自己的独立性，让自己在思维和能力等方面不断成熟，以便摆脱对领导者过度依赖的缺陷
被动型	• 被动型追随者看领导者脸色行事，如果没有鼓动和鼓励他们是不会主动去完成某项任务的。由于缺乏积极性和责任感，他们倾向于从领导者那里获得持续不断的指导，绝不会主动承担额外的任务 • 领导者认为这一类型的追随者是其习惯所致，在领导者的眼中，被动型追随者是懒惰的、缺乏能力的、缺乏主动性的或者是愚蠢的 • 被动型追随者喜欢追随大多数人，缺乏团队成员需要的积极向上的朝气。被动型追随者应该将独立性与积极性两大维度结合起来，成为积极向上且具有独立工作能力的人
疏离型	• 疏离型追随者是指那些与领导者保持一定距离，做事不积极，但喜欢批评的人。疏离型追随者往往自我感觉良好，自认为拥有足够的处理问题的能力，因此他们对领导者不依赖，甚至对领导者的行为和团队的决定会不屑一顾 • 疏离型追随者往往拥有独立思维和自己的想法，他们对领导者的行为会进行批评和批判，会发出不同的声音。有时候这些声音是建设性的，有时候仅仅是为了显示他们某方面的才能或者与众不同
典范型	• 典范型追随者是典型的与他人保持密切联系的自我领导者和合作者。在领导者看来，典范型追随者不仅具有独立，善于革新、创造的品格，而且是能够经得起考验的 • 即使在面对制度性障碍、资源限制等种种不利条件时，典范型追随者也可以通过自己的才智创造辉煌的业绩 • 领导者欣赏典范型追随者，领导者不仅可以通过对典范型追随者的依赖节省更多的领导成本，还可以从典范型追随者那里获取有益的建议，因为他们知道如何与其合作者和领导者共处使组织受益

续　表

类型	行为特征
典范型	• 不像那些获取个人利益最大化的追随者那样，典范型追随者关注组织中的“公共利益”，因此，他们之所以具有楷模的作用，就在于他们把组织视为一个公共组织，并在承担多种责任的基础上，以自己的身体力行去影响他人

【案例】

罗军是某大型企业的一个基层管理者，手下有8个员工。罗军工作勤恳，为人谦和，对每一个下属都能给予一些关怀和照顾，所以和大家的关系还算不错。他还有一个最大的特点：对他的直接领导言听计从，领导安排什么，他马上向下属宣贯什么。一旦下属提出异议，他马上便说：“领导说了，就照这样执行。你照吩咐做了，出了差错领导不会怪你，你如果不照做，出了问题你自己担着。”下属最初觉得有道理，便开始认真执行。但渐渐地下属有了不明白的地方，也就不再问他，而是隔着他直接请示更高领导。并且这段时间他还遇到了一件烦心事：他发现手下有个别人开始直接向他“顶牛”，公然不再听从他的指挥。他发现他现在对下属一点影响力都没有了，并且他的“无能”渐渐被传播开来，以致其他原本“听话”的下属也开始不拿他当回事了。

在这个案例中，作为基层管理者的罗军最失败的就是只做上级领导的“传声筒”，领导刚做决定，他便对下属发号施令，自己没有任何思想和领会，而是言听计从地去执行。很显然，罗军属于顺从型追随者。和基层员工不同，如果领导者成为顺从型的追随者，缺乏独立思维和工作能力，100%执行上级的指令，那很有可能导致案例中出现的被下属和团队抵触和架空的局面，到最后也会失去上级的赏识和信任。如果对案例进一步分析，我们不难发现罗军下属的追随者类型，有一个转化和变动的过程。刚开始这8位下属对罗军的命令认真执行，可以被认为是顺从型追随者。但随着他们对罗军不信任的逐渐增加，对罗军“无能”这一事实的认知，他们逐渐就转变为疏离型追随者。从罗军的案例中，我们可以发现领导者和追随者之间存在一个相互作用的动态过程，领导者对于团队中各类追随者组成结构的变化起了很大的改变作用。而同样，追随者类型的变化也相应会对领导者的工作方式产生很大的调整和推动。

因为罗军的领导能力和管理风格，直接导致他的追随者发生了类型转换，从积极且依赖的顺从型，转变成不积极且和他保持距离的疏离型，当然这里可能经历了一个从顺从型到被动型，再从被动型到疏离型的过渡。四类追随者的转化如图 1 –3 所示。

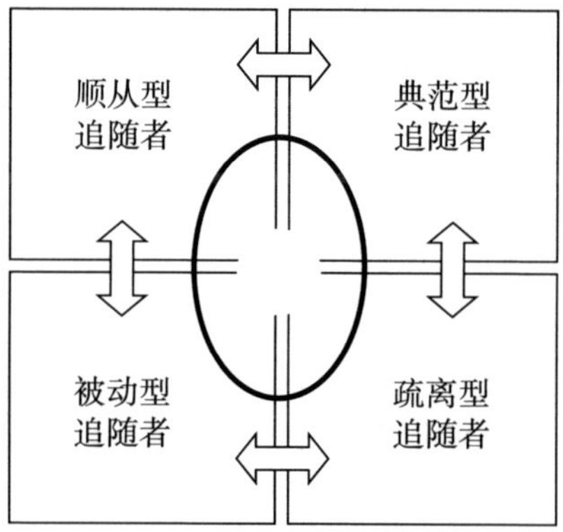

图 1 –3　四类追随者的转化

而罗军呢，则是一位绝对顺从型追随者，这也和他上级的管理方式和领导风格有关。如果他的领导发现罗军所管理团队出现如此士气低落，绩效低下的情况，他或许会进行干预，或许会给予必要的辅导和指导，或许会试图改变罗军的追随者类型，努力弥补其独立工作能力和独立思维，尽力把他改变为典范型追随者。

假设罗军深刻认识到自身存在的问题和缺陷，也积极地进行自我改变，积极地进行追随者类型转变，并在一段时间后产生了明显效果的话，那么他决策的合理性会增强，他对每项任务的理解和分析会提高，他对下属的影响力会提升，他对于团队成员的说服力和凝聚力会回升。在此前提和条件下，他的 8 位下属的追随者类型，就会发生变化。部分对罗军能力和为人重拾信心的下属，可能又会成为顺从型追随者；而个别在这段时间培养了自身独立工作能力和思考方式的下属，甚至可能成为典范型追随者。而肯定也有抱着怀疑和不信任态度的下属，依然扮演着疏离型追随者的角色。

对于既是领导者又是追随者的各级管理者而言，根据追随者的四种类型以及追随者和领导者之间的相互关系，可以在以下几个方面改善自己的领导意识，改变自己的领导方式，塑造多样化的领导角色。

（1）分析自己作为追随者的类型，诊断目前的追随者类型是否能和上级建立融洽互信的关系，努力向典范型追随者转化。

（2）分析自己团队成员的追随者类型，评估各类追随者占的比重，并通过改变管理和领导方式，增加团队中典范型追随者的数量，降低疏离型追随者的比重。

（3）分析在团队中或者组织内外，是否存在一些在资源、信息、能力等各方面具有特别专长的人员，他们的职位虽然未必比自己高，但他们因为这些优势而产生影响力和领导力。对这些人员，也需要运用追随者力提升沟通效果，提高达成共识的能力。

第二节 追随者力的两大核心

一、追随者力的核心——领导者的自我管理

【案例】

曹操出征张绣途中，为安抚民心，便谕村人父老及沿途官吏，曹军“大小将校，凡过麦田，但有践踏者，并皆斩首”。巧的是曹操正在骑马行军途中，忽田中惊起一鸠，曹操坐骑蹿入麦中，踏坏了一大块麦田。曹操立即叫来行军主簿，要求议罪，主簿十分为难，曹操却说：“我自己下达的禁令，现在自己违反了，如果不处罚，怎能服众呢?”这时谋士郭嘉引用《春秋》为其开脱，此时曹操便顺水推舟，说：“既《春秋》有‘法不加于尊’之义，吾姑免死”，以剑割下自己一束头发，掷在地上对部下说：“割发权代首。”

曹操割发代首，展现了领导者的自律，落实法制，再次验证“以身作则，为人典范”的领导主题。违法必究，将能有效地行使权力而实施对团体的管理，这是形成领导威望的重要原因。尤其是领导自己犯的错误，更应该赏罚分明。群雄逐鹿，曹魏一统，其中缘由，可以管中窥豹。

【案例】

有人曾经询问过柳传志身边的工作人员：“局外之人总会被柳总的个人魅力所吸引，在你看来，柳总的最大优点是什么?”对方回答：“自律、自持。”到现在为止，很多专家一致认为，这四个字是对柳传志其人最为精当的评价。冯仑对柳传志的评价是：伟大在于管理自己而不是领导别人。

2007 年上半年，温州商界邀请柳传志前往“交流”。当时，暴雨侵袭温州，柳传志搭乘的飞机迫降在上海，工作人员建议第二天早晨再乘机飞往温州，柳传志不同意，担心第二天飞机再延误无法准时参会，他让人找

来“公务车”连夜赶路，终于在第二天早上6点左右赶到了温州。当柳传志红着眼睛出现在会场时，温州的知名企业家激动得热泪盈眶……这就是柳传志，以高度自我管理的方式感召他人。

一个优秀的领导不是靠制度来管人，而是靠自己的魅力和品格来赢取员工的信服。员工判断一个领导时，更多的是根据他的品格，而不是根据他的知识；更多的是根据他的心地，而不是根据他的智力；更多的是根据他做了什么，而不是他说了什么；更多的是根据他的自制力、耐心和纪律性，而不是根据他描绘的前景和未来。

我们在现实的企业中常常看到领导者言行不一的现象。比如，许多领导者在表面上侃侃而谈员工的重要性，常常把“以人为本”“人是我们最重要的资产”等话挂在嘴边，其实际做法却与这种姿态截然相反。他们对员工的个人问题漠然处之，听凭优秀的员工离去，而没有为挽留他们做过任何努力。事实上，要让员工相信一个做不到“自我管理”的领导者是很困难的，而且他们也会在这种领导者的消极影响下，对公司的各种制度置若罔闻。也就是说，领导者自我管理能力低下所表现出的种种行为会给企业和团队的管理带来极大的伤害，严重破坏团队成员和下属对领导者的信任。吉姆·柯林斯在《从优秀到卓越》一书中就说：“言行一致、坚定不移、正直并且强有力的领导人才是优秀的领导人，才能攀越高峰。”

领导者的自我管理关系到他的声誉，关系到他的影响力，关系到团队成员对他的信任，关系到团队制度和纪律的执行程度，因此它是领导者必须培养的追随者力的两大核心之一。大凡谈到一个人的职业素养，都会提到IQ和EQ，而领导者如果期望培养高效的自我管理，那就必须特别关注以5Q为标志的领导者自我管理指标，它们分别是律商、情商、逆商、德商以及形商（见图1－4）。其具体表现如表1－5所示。

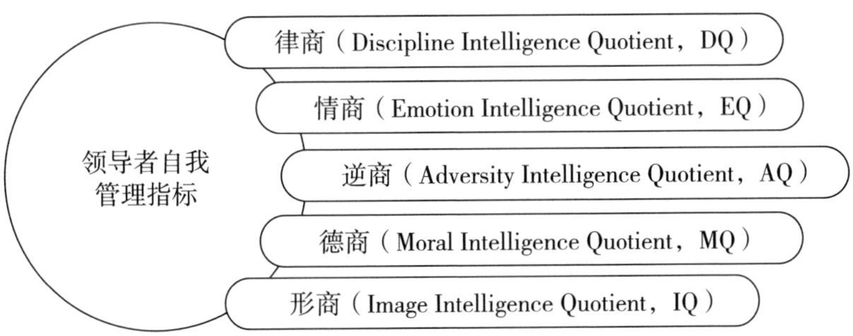

图1－4　领导者自我管理指标

表 1－5　　　　　　领导者自我管理指标的具体表现

领导者自我管理指标	定义	具体表现
律商（DQ）	指领导者自律和自我约束程度，言行一致的程度，以及领导者的所作所为与他提倡和强调的价值观、规章、制度、纪律等的一致程度	言行一致：领导者所言与所行能高度一致，无欺诈、出尔反尔及不诚信的行为 维护政策规范：领导者能带头执行团队所确定的规章、制度、纪律，并起表率作用 体现价值观：领导者能通过自己的言行展示和体现着他所宣导和推行的团队价值观
情商（EQ）	指领导者在处理问题和人际交往时能通过自我情绪控制实现有效沟通与赢得信任的程度，领导者通过保持事业激情和工作热情感染与带动团队的程度，以及领导者识别他人情绪并给予关心帮助的敏锐程度	控制情绪：领导者需要通过有效的情绪控制体现出自己的涵养和风度，从而赢得下属和他人的尊重。很多领导者因为情绪失控的言论或者举止导致人心流失 保持热情：领导者的情商还在于通过自己的热情、积极、乐观、向上的情绪去带动和影响别人 关心他人：情商高的领导者能敏锐地洞察下属和他人的情绪变化，采取及时的干预或援助，从而让下属感受到关心和关爱
逆商（AQ）	又称为挫折商或逆境商，指领导者面对逆境时迎接挑战摆脱困难的能力和毅力，以及领导者带领团队迎难而上，共同攻克难关的品质	自身面对逆境：领导者在面对逆境时，需要体现出积极、乐观、冷静等个性品质以及创新及解决问题能力 在逆境中激励团队：领导者更需要通过自身的表率和示范作用，鼓舞团队一起克服困难。领导者在逆境中的表现会被团队成员认为是最真实可信的一面
德商（MQ）	指领导者的道德、人格、品质等以及其产生的影响力。德商包括忠诚、公正、宽容、负责、勇敢、谦逊、合作、勤奋等要素	内在道德品质：领导者需要对自己的道德品质进行修炼和培养，因为缺乏道德品质支撑的言行可以影响人一时，但拥有强大道德品质的言行则可以长久影响他人 道德品质的外在展现：领导者是否能在各种场合通过具体事件、行为、言谈来彰显自己的道德品质，从而去改变和影响自己的团队成员，引发认同和共鸣

续　表

领导者自我管理指标	定义	具体表现
形商（IQ）	指领导者对自己外在形象、给人印象和对外口碑的重视和维护程度	外表及举止：领导者重视自己在各种场合的穿着、礼仪、用语、举止，给下属和他人留下可信、专业、良好的形象 印象与口碑：领导者更需要注意自己在团队内部及外部的口碑和心理印象，检点自己的言谈举止并不断改进提高

对照领导者自我管理指标不难发现，很多优秀的领导者在 5 个方面都有非凡的表现，而大多数企业与团队领导者则在 5 个方面或多或少有改进的空间和潜力，甚至有些领导者还存在特别需要改变的短板。

【案例】

在联想的发展历程中，曾经有这样一件事。柳传志有一条规则，开 20 人以上的会，迟到者要罚站 1 分钟。第一个罚站的人是柳传志原来的老领导，罚站的时候老领导紧张得不得了，一身汗，柳传志本人也是一身汗。柳传志跟他的老领导说："您先在这儿站 1 分钟，今天晚上我到您家里给您站 1 分钟。"柳传志本人也被罚过 3 次，其中有一次他被困在电梯里，电梯坏了，咚咚敲门，叫别人去给他请假，因为没有找到人，还是被罚了站。

联想能由小到大，一路上经历这么多风浪成为一家跨国公司，与创始人柳传志严格的自我管理和高度的律商是分不开的。正是他作为领导者的自律和自我惩罚，才让很多制度、规范、政策得以被尊重、被认可、被牢记、被执行。

在实际工作中，有很多领导者都喜欢自觉不自觉地在下属面前发下脾气，可能以此来显示他是个领导。柳宗元的寓言故事《黔之驴》讲述的是：老虎被驴一开始的声势所震慑（驴大吼，虎大骇），但渐渐地就发现这只不过是驴的"日常工作习惯"而已，于是老虎心中暗喜，内心盘算着驴"技止此尔"（就这点儿本事了），于是便来个饿虎扑食，驴便一命呜呼了。

所以，在领导和管理中有一个情商悖论：你越是暴跳如雷，下属就越不害怕你；相反你越是韬光养晦，谦逊待人，下属就越是战战兢兢。这一悖论足以说明，领导者的情商修炼对团队的管理是何等重要和关键。除了律商和情商外，领导者的逆商和德商也同样重要。沧海横流，方显英雄本色。越是在困难面前，在逆境中，越是追随者们真正认识和了解领导者内在素养和意志品质的时候。那些在顺境中意气风发，在逆境中垂头丧气的领导者，会被追随者们认为难当大任，不足以托付未来。

在短期内，领导者可以通过技巧、策略、计谋等来凝聚人气、团结下属和驱动行动。但从长远来讲，领导者自身的道德品质早晚会被下属和团队成员所熟悉、洞察和了解，良好的为人和道德品质能让下属产生信赖，激发他们持久和长期的跟随。

当今社会对领导者自我形象的要求越来越高，不仅有外在仪表，更有对外的口碑和声誉。已经有不少著名的企业领导者委托专业的形象设计机构来打造自己的外在形象，管理自己个人形象的对外传播。例如王石享受生活、不断攀登的形象，马云慷慨激昂、机智果断的形象，潘石屹幽默灵活、亲切和蔼的形象，都是这些领导者个人形象管理和个人品牌传播所产生的效果。

二、追随者力的核心——领导者的向上管理

领导者需要掌握的另一个追随者力的核心便是向上管理，如何更好地与自己的领导者良好沟通、建立互信、获得认可，这并非仅仅靠“直言不讳，坦诚相见”就能解决和实现。

【案例】

几年前，陈升从外企市场经理的职位上被一家颇具实力的民营 IT（信息技术）公司挖走，成为其上海公司的总经理。由于看准市场机会，加上公司技术实力过硬，公司得到了迅速的发展，第一年就获得了不俗的业绩，规模也迅速扩张。此后几年时间中，公司发展一直稳中求胜，在业界也有了一定的知名度。作为总经理的陈升对公司的未来充满信心。

随着行业技术的快速迭代、竞争形势的不断严峻，陈升感觉压力越来越大。在一次大客户招标会上，陈升原本以为凭着公司实力肯定能独占鳌头，没想到半路上冒出更强劲的竞争对手将订单横刀夺去，这对陈升的自信心是很大的打击。一种强烈的危机感在陈升心中滋生，一向做事有条不紊、镇静自如的他开始被一种挥之不去的焦躁感所困扰。

在这种焦躁感的逼迫之下，陈升开始对公司员工施加压力，要求他们不断加班加点，恨不得所有人都只是干活而不需要休息；无休无止地开会

讨论公司各种发展机会，不断对公司的战略发展方案进行改动，希望能够看到短期成效；对所有员工提出更严格甚至是苛刻的要求，不允许任何人有犯错的机会——陈升试图用百分之百的要求打造出百分之百的公司竞争力，让公司在竞争中求胜。

令陈升不解的是，这一切的努力并没有取得预期成果。在他吹毛求疵的严格要求下，整个公司的创新精神受到重挫，员工们不求有功但求无过。另外，陈升的焦躁情绪为整个公司的氛围蒙上一种人为的紧张：在他面前，员工们如惊弓之鸟，生怕由于一点点失误而受到斥责。在汇报工作时，公司高管尽量美化用词报告工作，而不直言工作过程真实存在的缺陷与危机。更糟糕的是，公司几名核心骨干由于受不了陈升的“高压”政策而辞职，公司的发展受到了很大影响。

为了挽救公司不断下滑的颓势，陈升做出一个大胆的决策——准备投入 500 万元去收购一家濒临破产的公司，公司高层都知道此举无异于自杀，但在公司人为制造的上下级关系紧张的氛围中，没有谁敢提出意见——市场总监林欢虽然屡谏受阻，但他实在不忍心看着自己的上级受到焦躁症的困扰而不断做出错误的决策，最后导致整个公司崩溃。于是他决定采取向上管理的方式，将上级出现偏差的管理思维拉回正轨。

林欢知道陈升虽然是个很自我的人，但也还不是一个完全一意孤行之人——陈升之所以在决策上一错再错，主要是因为他被公司暂时性的业绩不佳所困，忽略了从更高层面上看待整个市场发展的形势，无法做出更加理性的决策。林欢要做的向上管理第一步，就是拿出有说服力的数据及理性分析报告让陈升明白自我的错误。

林欢没有像以往一样，当着陈升的面力劝他改变看法，而是悄悄与某权威市场咨询机构合作，就公司及行业的情况做出了一份详尽的分析报告。同时，在将此报告呈交陈升之前，林欢先与公司几个高层进行仔细的讨论，每个人做好分工准备，决定在高层闭门会议上，在分析报告的基础上，每个人发表有针对性的建议，而不是像以往一样纯粹地对总经理陈升的决策提出反对意见。

一切准备就绪之后，林欢准备召开一次公司发展研讨会，并决定邀请咨询机构的负责人就分析的主题报告发表演讲，而这一切陈升都不知道。不出林欢所料，在会议上，专家权威的观点以及大量的数据分析，使陈升受到很大的震动，而林欢的非常详尽的公司发展情况对比图，更使陈升印象深刻：从图表上，所有人都清楚地看出这几年来公司在各个方面都不断走下坡路，公司所采取的措施根本没有起到效果。

林欢的向上管理策略是成功的——在这次会议上，没有一个人对公司发展提出尖锐的批评意见，但陈升却从中清楚地看到自己一系列决策错误对公司所造成的负面影响，而其他高层有针对性的建议，更使他意识到公司目前虽然处于低谷，但是仍然充满再次崛起的机会——如果他不再一意孤行，而是能够听从下属意见，大家一起同心协力的话，公司业绩的复苏并不是难事。

向上管理策略的成功不仅使总经理陈升幡然醒悟自己的失误，也使林欢的才能得到了所有人的认可，特别是总经理的认同。一年后，林欢升任公司的副总经理。

从案例中可以看到，对于一名像林欢这样的领导者来说，向上管理不仅是一种工作思维，更是一种管理策略。领导者的团队运营成功与否，不仅在于市场策略，也在于下属与上级之间互相信任及良好沟通程度——当上级在错误决策的道路上越行越远时，有效的向上管理策略是令上级悬崖勒马扭转公司发展方向的关键所在。

林欢吸取了前几次向上沟通被拒绝的前车之鉴，调整了向上沟通的策略，从提供结论变成提供证据，从直接公开不同意见到给予陈升足够面子和尊重，从竭力反对到先尊重和认同再给予启发和暗示。结果证明，他向上管理策略和方式的调整是成功的。

向上管理的素质既是一种沟通能力，又是一种如何与上级建立互信的工作方式。因为在组织的权力序列上，每个人拥有的权力强弱都只是相对的，在某种意义上，每个经理人都会面临着如何与上级沟通的问题，而这也正是向上管理要解决的核心问题所在。

在向上管理中，领导者一定要防范两个雷区（见图1－5），不要因为这两个雷区而让问题一发不可收拾。

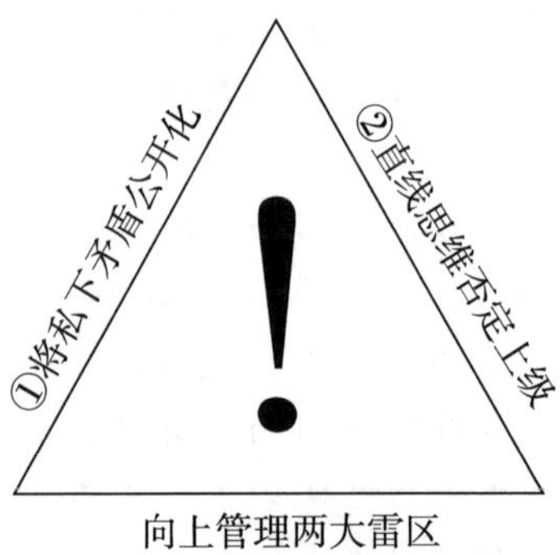

图1－5 向上管理两大雷区

1. 向上管理雷区一：不控制范围——将私下矛盾公开化

当领导者与上级之间因工作方式或工作思维出现冲突时，最忌讳将本来属于小范围、小问题的事件公开化，使得事件广受瞩目，这种做法不仅使得事件影响扩大，而且可能使得上级在公众舆论中备受指责，这必然导致两者之间的关系迅速恶化，使双方本来还存在的信任度迅速丧失，迅速走向对立。前几年创维市场总监陆强华与老板黄宏生之间闹得沸沸扬扬的冲突，也源于陆强华将他与老板之间的恩怨广告天下，导致两人差点对簿公堂。

2. 向上管理雷区二：不曲线救国——直线思维否定上级

没有领导者愿意被否定，即使下属是正确的。因此当受到上级批评时，无论这种批评是否合理，应对的方式最好是迂回回应，而不是直线顶撞。因为从上级的立场看，下属直接驳回自己的批评等于否定自己的领导权威，不仅使自己难以下台，也必然激起他采取更严厉措施去压制下属反抗的想法。所以，直线思维与上级进行 PK（对决）的做法，将容易导致双方之间的对话迅速走向终止，并使得关系恶化。下属即使有自己的看法、建议、解决方案，也需要走曲线，懂得迂回，毕竟向上沟通重要的不是讲道理，而是讲效果。

哪些策略可以更好地与上级沟通，并且赢得其信任和支持呢?

向上管理七大定律不仅能让领导者更好地管理好自己与上级的关系，更好地赢得上级的赏识和信任，更好地在自己与上级之间建立融洽、和谐、互助的合作关系，领导者也能通过这七大定律，去管理好自己与另一类特殊领导者之间的关系。向上管理七大定律的具体内容如表 1－6、图 1－6所示。

表 1－6　　　　向上管理七大定律及具体内容

向上管理七大定律	具体内容
向上管理定律一：了解和迎合领导的行为类型	● 上级有不同类型，有独断专行型，有优柔寡断型，有目光长远型，有的则是只顾眼前利益型——对上级长处及短处的有效了解，可以帮助下属如何去迎上级所长，避上级所短，使自己的观点或意见与上级思维更趋向一致，也更容易被其接受

续 表

向上管理七大定律	具体内容
向上管理定律二： 了解领导的情绪周期	• 除了极个别素质极高的领导外，大部分的领导者都会有周期性的情绪表现——与人的生理周期一样，上级情绪高低、好坏往往也是有迹可循的，呈现出一种周而复始的抛物线 • 下属了解上级这种情绪周期，可以知道在什么时候、什么语境下提出什么意见或沟通什么样的问题是最有效的
向上管理定律三： 扫除领导的管理盲区	• 作为追随者，一定不要回避上级的监管，一定要主动向上级汇报、沟通，让上级定期知道你在做什么，让上级有能够“掌控”你的心理感受 • 领导者担心的就是对下属情况不够了解，失去控制，因此如果追随者能主动汇报自己的动态，扫除领导者的管理盲区，那一定会得到其赏识和信任
向上管理定律四： 让领导昂首挺胸	• 领导者需要依赖追随者帮他成事，用追随者的长处，补他的短处，让他在他的上级面前抬头挺胸，这才是追随者真正的影响力 • 在关键时候不要冷眼旁观，也不要像向日葵一样一味仰望顺从，应主动给上级反馈和建议，甚至提供不同看法，帮助他更好地完成工作 • 上级决策也有盲点，也有犯错的时候，发现时立即提供自己的信息、资源和建议，不要一味顺从或抱着看笑话的心态
向上管理定律五： 帮助领导管理好时间	• 上级领导的时间很宝贵，如果为不重要和不紧急的事情经常占用上级领导的时间，会令其厌烦 • 追随者要学会管理上级的时间，工作中要处理的问题越是简单，就应该让上级花在上面的时间越短，要做好自己该准备的一切细节和基础工作 • 在向上汇报时，一定要抓住要点，迅速呈现。如果上级需要细节再提供细节
向上管理定律六： 同时呈现问题和解决方案	• 在向上级汇报问题时，既不能遮遮掩掩，瞒而不报，因为这样造成上级的决策失误，后果严重；但也不能悲观消极，把问题扩大化、严重化 • 同时向上级呈现问题和解决方案，明确告诉上级问题是什么，同时告诉上级自己已经想好的解决办法和可行性方案有哪些

续　表

向上管理七大定律	具体内容
向上管理定律七：承诺你能做到的	• 在向上管理中一定要承诺自己可以达到的目标，不要因为盲目承诺却没有能力完成而耽误目标的实现。如果承诺了而又无法完成，则会让上级对自己的信任降低 • 对上级下达的任务和目标，不要为了迎合而盲目答应。如果的确做不到，应该事前提出而不应事后再提

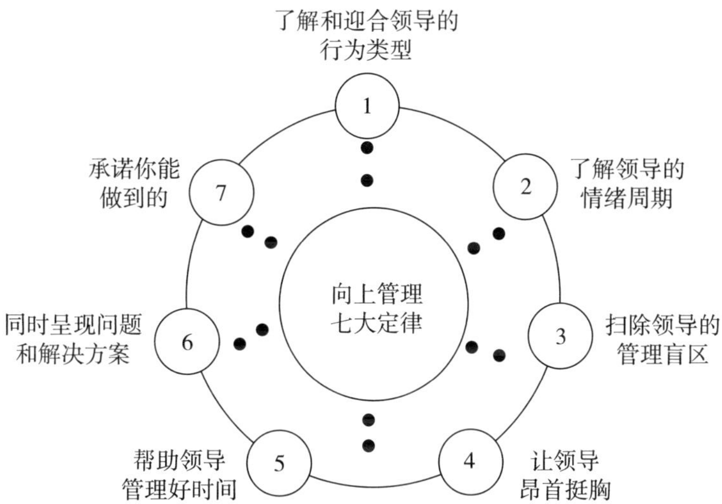

图1－6　向上管理七大定律

在团队中那些因为专业能力、优势资源、工作资历等因素而产生较强影响力的人，也可以被领导者运用向上管理七大定律来管理好相互之间的关系。

当自上而下的角色和工作方式让那些优势人群难以接受甚至抗拒的时候，领导者可以切换成向上管理的沟通和交往模式。

领导者不能总凭自己的职位而颐指气使，也应该在沟通中注意对方的情绪周期，注意对方的行为类型，并主动地通报事情的进展，让对方获得被尊重感和地位感。这就是向上管理定律一、定律二和定律三针对团队中优势对象的应用。

同时，领导者要对这类特殊的向上管理对象给予支持和帮助，协助他们做出成绩，创造业绩，获得成就感，让他们在团队中“昂首挺胸”，很明显，领导者需要应用向上管理定律四。

对这类“优势人群”，领导者不能因为自己职位高而随意地占用他们的时间，事无巨细，不分轻重地让他们做，而应该分派那些让他们感到“重要且有面子，符合他们身份”的关键任务，以充分发挥其专长和优势。不难看出，这就是向上管理定律五的活学活用。

对这类对象，领导者不能过于低声下气，遇到问题就去寻找帮助，这样会被视作无能，反而会令其看不起。领导者在提交问题的时候，也应分享自己的观点和建议，让对方认识到自己的能力和优势。在低调中彰显“高调”，这一点可以被看作向上管理定律六的变通使用。

最后，要把控这类人群的期望值，不能过度纵容和满足，否则他们的要求和期望会越来越高。换句话说，也就是要遵循向上管理的定律七，即承诺你能做到的。

【链接】

读者可以根据表 1 –7 中的习题及其后的参考答案评估自己的向上管理能力。

表 1 –7　　向上管理能力评估题

习题	选项（只能单选）
题目一：作为部门经理，可通过经常邀请上级出席自己部门的庆典或者其他重要场合的活动，来突出上级的职位。您觉得这种说法：	A. 正确。 B. 错误。
题目二：给上级提建议要讲究技巧，以下哪种提建议的方式不可取：	A. 注意时间上的控制。 B. 尽量简洁，突出重点。 C. 顾及其他部门的利益和整体立场，有全局观。 D. 尽量使用模糊的词语，比如大概、估计等。
题目三：对上级的建议不赞同时，下级保持沉默和认同就可以了，该说法：	A. 正确，因为这样不会冒犯领导。 B. 错误，应该在先表示认同的基础上再补充自己看法，既照顾领导面子，又表达了不同观点。

续　表

习题	选项（只能单选）
题目四：下级提交给上级的提案很有可能会遭到上级的拒绝。发生这种情况时，下级应该：	A. 马上放弃提案。 B. 与上级争论，并说明自己的理由。 C. 主动请教上级，找出拒绝的原因所在。
题目五：在向上级提忠告的时候，下级要采用怎样的口吻和语气：	A. 直言不讳，体现自己的坦诚。 B. 委婉，表示出对上级的体察和理解。
题目六：在向上级提交提案时，应该让上级理解提案的内容。下列哪项对此没有帮助：	A. 选择好的时机提交提案。 B. 使用长篇大论，引经据典。 C. 在正式内容前做一个提纲挈领的摘要。
题目七：与上级有效相处中，其中那项是不对的：	A. 避免锋芒毕露。 B. 学会适当拍马屁。 C. 不要排斥上级。 D. 对上级敬而远之。
题目八：分析下面的行为，做法正确的是：	A. 小王一看到领导就绕着弯走。 B. 在报告会上，一位部门经理听完报告后，对作报告的李总说：您刚才说的观点有问题。 C. 一个部门经理刚带领下属完成了一个大项目，下属祝贺他，他说：多亏李总给了我很多指导和帮助，否则不会这么顺利完成。 D. 作为一名部门经理，在与上级开会时，应该拼命表现。
题目九：以下哪项对赢得上级的信赖没有帮助：	A. 体现实际的工作成绩。 B. 把握好上级对自己的工作期望。 C. 与上级沟通时，多描述事实少主观判断。 D. 把问题扩大化，引起领导重视。
题目十：在上级下达任务和目标时，如果你做不到，你会：	A. 先口头承诺，到时候能做多少是多少。 B. 拒绝，说办不到，要求不合理。 C. 满口答应，拼命去做。 D. 告诉上级自己能做多少并提供客观原因，同时表示自己尽量向上级的目标冲刺和努力。

参考答案：

ADBCB　BDCDD

第二章

领导力发展的标准变速挡
——面对面领导力

【案例】

张军是国内著名大学商学院管理学硕士毕业生，半年前被一家国内民营企业以人才引进的方式吸纳为储备干部。张军的管理学理论让公司林总非常赏识，并在管理会议上号召大家向张军请教什么叫科学管理。

为了给张军更多的实践和锻炼机会，公司把张军安排到零售监察部担任主管。所谓零售监察部，就是公司的情报部门，负责采集各零售网点公司产品的销售情况、促销效果、促销人员表现等重要信息，并进行每天汇总，每周总结。

张军觉得这样的任务对他而言是大材小用了，他手底下有 6 名督导，每人负责两三个片区内零售网点的巡查。由于他们是依靠助动车作为交通工具，每天工作很辛苦，而且路远，时间很紧。

原先的主管老丁因为年龄大，身体吃不消，所以申请退休了。老丁担任主管时身先士卒，而且非常关照手下，经常陪大家加班，往往最晚才走。

公司林总觉得老丁虽然工作努力值得推崇，但他不懂得管理，没有运用科学化管理方式，所以希望张军把这个部门的效率推向一个更高阶段。张军上任后一改老丁和大家称兄道弟的习惯，刻意同大家保持距离，以显示其威信。同时，对大家的工作表现进行了细致跟进，提出了更高的要求。他要求大家速度再快一些，效率再高一些，信息再具体一些，自我要求再高一些。

他发现大家登记中虽然关键信息都比较完整，但一些细节上的信息还不够具体时，他决定杀鸡儆猴，抓出了老实人李磊，罚了他半个月的工资。而李磊之前工作一直兢兢业业，而他老婆待业在家，儿子还在上高中，全家就靠他一个人的工资过日子。

但是，这一杀鸡儆猴的做法似乎没有明显效果。按照张军的高标准，这 6 个人身上的小问题一个接一个，张军决定继续“严打”来凸显自己的权威。虽然看得出这 6 个人非常不愉快，但还是按照要求去做。慢慢地，张军能感觉这些人的表现越来越达不到自己的要求，双方的关系降到了冰点。一个月后，这6个人一起出现在林总的办公室门口，集体辞职。林总诧异之下，挽留和解释："大家不用这么仓促决定，张军实施的可是科学管理方式。"李磊代表大家说："林总，我们不懂什么科学管理，但我们在跟着老丁时，感觉心里温暖，感到贴心，感到有干劲。而张军来了后，我们感觉他很看不起我们，很不相信我们。很多事情我们是做错了，但他事先没有交代清楚该怎么做，我们是老实人，说清楚了我们一定会做好。我们跟着张军，看不到希望，怎么做都听不到表扬，工作没有动力，心情很压抑。而且他只会指责我们，却不会教我们怎么做，并且很多事情他自己都不懂。我们工作压力也很大的，他从来不找我们谈心、说话，一直绷着脸。另外，很多问题在过程中早就可以发现，但他好像故意等我们犯错，等我们做错后才和我们说。林总，这样的科学管理，我们实在不需要，所以我们辞职。"

林总："大家给我三天时间考虑下，三天后给大家答复。"

三天后，公司做出决定，6名员工被留下，张军被调离。

张军的故事可以给很多团队领导者不少启发和反思，为什么他的严格管理、科学管理失败了？难道他所学的管理理论和方法过时了？

从张军所管理的团队的规模和特征来看，这不是一个规模庞大的组织，张军有足够的时间和精力熟悉每个人，彼此交往和建立关系。张军本人的言行举止在这些员工看来，甚至比他所提倡的所谓科学管理更重要。老丁之所以能管好这个团队，是因为大家和老丁之间建立了充分的信任关系，而张军则相反，他的"科学管理"在下属眼睛里可能只是"浮云"，而他的行为举动实实在在失去了这些下属的信任。

从领导力的定位来看，张军面对的是可以和每个成员建立充分个人关系的团队，他应扮演的是面对面领导者的角色。因为直接下属人数较少，因此面对面领导者所展现的影响力，不取决于团队制度、规范、政策，也不取决于他为团队设计了如何宏伟的目标、口号和战略，而是取决于领导者和下属之间的人际关系和交往互动的效果，取决于领导者能为每个下属提供怎样具体的激励、支持、辅导和帮助，更取决于领导者和下属之间，是否建立基于人品、能力、态度等方面的充分认同和信任。而这些面对面领导者最需要做的，最需要展现的，正是读了太多科学管理理论的张军最忽视的，最缺乏的。

用一句话概括，面对面领导者，应更多运用个人影响力而非职位影响力，应更多依靠和下属的相互关系而非制度政策，应用心去提升每个成员的绩效而非进行笼统的团队管理。

那么对于面对面领导者而言，如何提升团队成员的绩效呢？影响团队成员绩效的关键因素又有哪些呢？面对面领导者又能运用哪些方法来提升成员绩效呢？

李磊代表大家向林总说的那段话，正好反映出影响面对面领导者的直接下属绩效表现的四个决定性因素（见图 2－1）。

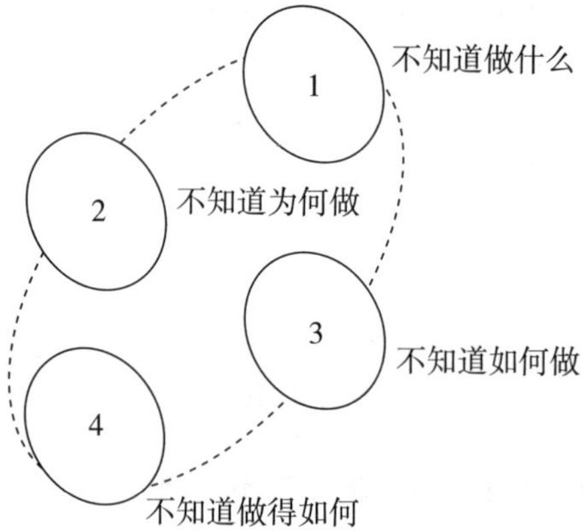

图 2－1　影响下属绩效表现的四个决定性因素

李磊说："很多事情我们是做错了，但他事先没有交代清楚该怎么做，我们是老实人，说清楚了我们一定会做好。"这是面对面领导者团队成员未达到绩效期望的第一个决定因素，即不知道做什么，也就是他们缺少清晰明确的任务分派和授权描述。

李磊说："我们跟着张军，看不到希望，怎么做都听不到表扬，工作没有动力，心情很压抑。"这是面对面领导者团队成员未达到绩效期望的第二个决定因素，即不知道为何做，也就是他们缺少足够的激励和工作动力。

李磊说："他只会指责我们，却不会教我们怎么做，而且很多事情他自己都不懂。我们工作压力也很大，他从来不找我们谈心、说话，一直绷着脸。"这是面对面领导者团队成员未达到绩效期望的第三个决定因素，即不知道如何做，也就是他们缺少达到绩效所要求的必要技能和心态。

李磊说："另外，很多问题在过程中早就可以发现，但他好像故意等我们犯错，等我们做错后才和我们说。"这句话指出了面对面领导者团队成员未达到绩效期望的第四个决定因素，即不知道做得如何，也就是他们缺少事前或事中及时的干预和纠正。

对于面对面领导者而言，一定要关注影响下属绩效表现的四个决定性因素，即：

第一，追随者不知道做什么。（缺少清晰的授权和任务分派）

第二，追随者不知道为何做。（缺少持续的激励和动力）

第三，追随者不知道如何做。（缺少必要的技能和心态）

第四，追随者不知道做得如何。（缺少及时的干预和纠正）

针对上述影响下属绩效表现的四个决定性因素，面对面领导者需要灵活运用以下四大工具来提升下属的绩效（见图 2－2）。

图 2－2　面对面领导力四大工具

1. 边界式授权

边界式授权这一工具可帮助领导者在任务分派时让下属清晰明白任务的要求和标准，解决的是追随者“不知道做什么”的困惑。

2. 双轨式教导

双轨式教导这一工具可帮助领导者为下属打造做好工作必要的技能和心态，解决的是追随者“不知道如何做”的困惑。

3. 承诺式激励

承诺式激励这一工具可帮助领导者在下属身上植入由内而外的工作热情和动力，解决的是追随者“不知道为何做”的困惑。

4. 面谈式干预

面谈式干预这一工具可帮助领导者对下属未达到期望的行为及时干预和介入，解决的是追随者“不知道做得如何”的困惑。

面对面领导力四大工具在具体使用时，领导者需要掌握两个关键原则，即“精准性使用”和“组合性使用”。

变速领导力特别强调领导者在管理下属时的“精准性”，即不做没有“靶向”的全面性管理和粗放性管理，而是做基于“分析”的精准性管理。换句话说，领导者需要诊断核心下属近期出现的问题到底是源自哪个“不”，缺哪个“不”领导者就用对应的面对面领导力工具去补哪个“不”。

例如，某些新员工在项目执行中积极性和主动性很高，而且对任务内容用心掌握理解清晰，则领导者更需要关注其不知道如何做和不知道做得如何两大维度，强化对新员工的技能培养辅导以及过程纠偏干预。

而对于某些极富经验的老员工，或许近期表现不佳的根源在于不知道为何做，即对于上司安排的目标与任务，内心存在习惯性的抵触、不满和抗拒。那么领导者更需要加强针对老员工的激励，植入工作热情，提升其工作动力，即强化运用承诺式激励。

“精准性使用”讲究的是面对面领导力需要“因人而异精确匹配”，而“组合性使用”则强调四大工具在任务推动中的“搭配组合形成合力”。换言之，四大工具既可以是单独使用的方法，也可以是相互搭配的系统。

例如领导者在推动某个阶段性目标或任务时，首先运用边界式授权把任务要求和标准清晰向下宣导，确保下属清晰理解并明确执行要求。与此同时，领导者要通过承诺式激励向下植入完成任务的意愿、动力、激情和士气。针对下属完成目标任务的技能和经验不足，领导者需要提供必要的工作技能和心理技能辅导。在下属执行过程中，领导者需要识别偏差，及时介入纠正，实施干预面谈，以确保下属团队的执行没有偏离轨道。

最近几年“赋能”一词逐渐成为管理学中的“热词”，而面对面领导力的本质也就是向下“赋能”，只不过变速领导力对“赋能”有更具体的指向。边界式授权就是领导者向下赋予“职能”，承诺式激励就是领导者向下赋予“动能”，双轨式教导就是领导者向下赋予“才能”，而面谈式干预就是领导者确保通过行为干预提升下属的执行效率和效果，即向下赋予“效能”。

第一节 面对面领导力工具之一：边界式授权

一、授权和任务分派中的两大禁区

面对面领导力侧重于对下属的能力发展和绩效提升。而令人意想不到的是，众多实例表明，下属能力低下或者绩效表现差强人意，如果溯本求源，很多问题居然出自领导者缺乏充分且有效的授权和任务分派。

众多领导力和管理学专家都把授权看作是一种让领导者本人获得更高效率和绩效水平的行为方式，而本质上授权更是一种通过向下明确传达完成任务的责任，从而提升下属能力、规范下属表现的一种领导行为，尤其是对于面对面领导者而言。

有效且科学的授权和任务分派是面对面领导者所需要培养的首要核心能力，因为这是确保下属能在接受任务时明确清楚地知道“做什么”的前提和基础。反之，不论是缺乏足够授权，还是没有任何控制的授权，都将使下属的能力提升和绩效表现偏离预期轨道。

【案例】

楚汉战争时，刘邦屡战屡败，屡败屡战，却最终击败项羽于垓下。其实，项羽的个人威力是西楚军的一个支点，他独断专行，亲力亲为，破釜沉舟，勇冠三军，下属长期依赖他，没有他就显得底气不足、不知所以，所谓惯性使然。项羽的自信自负，以及缺乏授权的亲力亲为，却让他的军中除了亚父范增外很少能培养出一流的将领和谋士。

反观刘邦，在这场“大起大落”的对局中几度溃败千里，却找到了具有惊世之才的韩信、张良、萧何等人来帮他成就大业。他充分信任，合理授权，让韩信、张良、萧何这些人得以快速成长，充分发挥自己的才干。于是，刘邦这个看似平庸无能的一介寒素之士终于借助授权之力成为一代帝王。

松下幸之助表示：用他，就要信任他；不信任他，就不要用他，这样才能让下属员工全力以赴。领导力固然有众多技巧，而对于面对面领导者而言，最重要的，就是给予信任并大胆地委派工作。通常一个受上级信任、能放手做事的人，都会有较高的责任感，所以无论上级交代什么事，他都全力以赴。

【案例】

几年以前，一个财富100强公司经历了一次重大的裁员。公司采用了总裁查尔斯·汉帝建议的效率公式“1/2乘以2乘以3”，即用一半的人就得到原来两倍的工资，工作时付出3倍的努力。

很多一线员工被告知他们现在被充分授权，自己有权进行重大决策。公司认为，这对于员工而言，绝对是令人欢欣鼓舞的好事情。

遗憾的是，员工中的多数人没做好准备来进行此类自主决策。实际上，他们对很多问题感到困惑，例如，他们可以决定花多少钱而不需要批准吗？他们能否不经过正常的审批过程而改变部门的政策呢？而且，正式交流渠道断裂了，员工不知道向谁报告或在需要帮助时可以找谁，无能为力，员工们感到被压垮和失落。100天后，授权的政策被正式废止。

公司总裁查尔斯·汉帝希望通过给予员工更多自主权来提升士气，但事与愿违。那造成这一意想不到结果的根源是什么？难道充分授权是错误的？难道给予员工足够的自主权只是“一厢情愿之举”？

项羽的故事引出了领导者在授权中的一个极端，那就是授权不足；而查尔斯·汉帝公司百日新政的案例又揭示了领导者在授权中的另一个极端，那就是授权失控。授权不足和授权失控则被统称为面对面领导者必须防范的两大授权禁区。

面对面领导者特别需要借助授权和任务分派这一手段实现下属能力提升、绩效发展、任务执行等多重目的。而若要实现科学且有效的授权，面对面领导者就需要特别防范授权和任务分派中的两大禁区，即授权不足与授权失控（见表2-1）。

表2-1　　授权和任务分派中的两大禁区

	授权不足	授权失控
特征	领导者由于不信任、不放心、不习惯、无意识等各种原因未能把工作任务主动且合理地分派出去，且给予下属一定的工作自主权	领导者在授权和分派任务时缺乏必要的指导、规范和约束，导致下属在执行时的实际表现偏离预期的轨道

续 表

	授权不足	授权失控
后果	• 下属得不到足够的锻炼和成长 • 下属因感觉不到信任而士气低落 • 下属的绩效表现难以实现根本性提升	• 下属会产生迷茫和困惑，缺乏执行效率 • 下属的行为会偏离领导者的预期 • 面对低于预期的结果，下属和领导者会产生冲突
解决工具	BIA 任务分派表	授权边界模型

二、BIA 任务分派表

【案例】

石剑是一家制药企业上海地区的人事行政经理，下面管理着一位经理助理、一位工作近 5 年的人事主管、两位人事专员和一位新来的实习生。石剑是一个很愿意加班加点、亲力亲为的人，但他逐渐觉得这样做不利于下属的发展和整个团队的整体表现，因此他决定加强授权和任务分派。于是他在每周进行工作规划和安排时，把自己的工作任务进行了划分，并画了任务分析图（见图 2－3）。

当石剑完成了任务分析图之后，他就把这些可分配任务，一一对应地填写到如下的 BIA 任务分派表中。在填写时，石剑分了三个步骤。

第一步：把能想到的可分派职责（任务）一一填写到表格中。

第二步：在表格中“阶段（BIA）”处，对这个任务的性质进行定义。（B）Beginning，意味着这个任务是非常初级的，要求比较低；（I）Intermediate，意味着这个任务要求是中级的，有一定的能力和经验要求；（A）Advanced，意味着这个任务是高阶的，对分派对象的能力经验有比较高的要求。

第三步：根据所列的任务以及其 BIA 性质，挑选一两位对应的同事进行任务分派。

例如办公室卫生的打扫，标上 B，指派新来的实习生来完成；对培训公司的筛选和评估，标上 A，让跟随自己多年的经理助理来完成；而与财务部沟通工资新政策，标上 A，让工作 5 年多的人事主管负责；又如主持面试，新员工培训等，标上 I，分派给两位人事专员来负责。

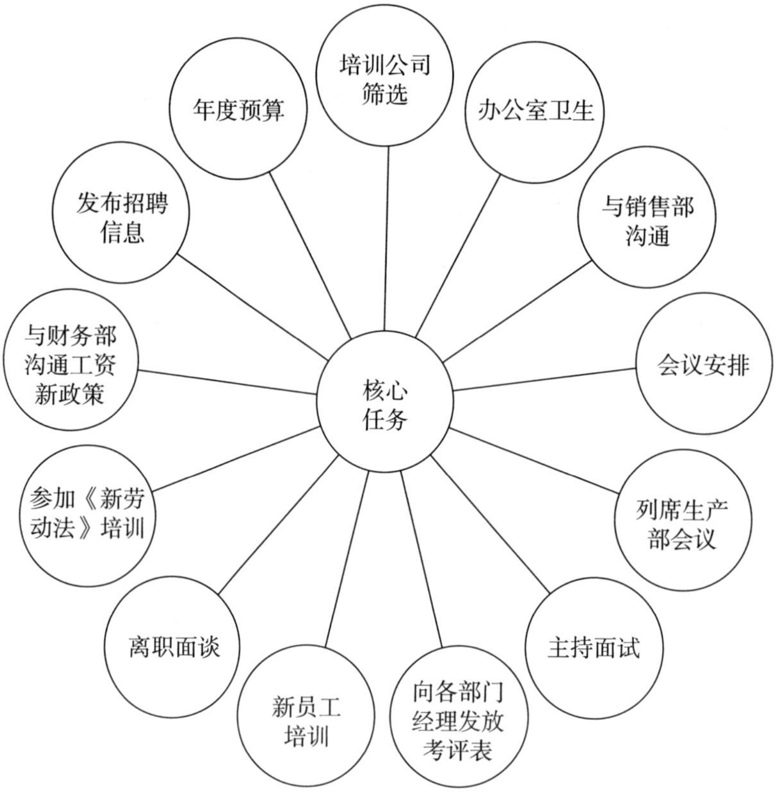

图 2－3 任务分析图

BIA 任务分派表（见表 2－2）是一个很好的规划和思维工具，可以帮助面对面领导者主动授权与合理分派任务。

表 2－2　BIA 任务分派表

可分派职责（任务）	阶段（BIA）	人选

三、授权边界模型

为什么授权被放在面对面领导力四大工具第一位？那是因为面对直接下属和核心团队，领导者最重要的工作就是把阶段性的目标、计划、任务、职能、要求等，向下传递、宣导，并确保下属能有效承担、正确执行。

因此，若要从字面上解析“授权”这个词，应分别从“授”和“权”两方面拆解。“权”不是权力，而是需要下属团队完成的目标、任务、计划、职责和工作。而“授”也不是授予，而是向下传达宣贯以确保下属团队清晰理解并执行到位。

从变速领导力对授权的定义来看，授权不同于下达，不同于通知，也不同于传达。授权不仅要把任务授出去，还要确保结果能被带回来。换句话说，变速领导力定义的授权，必须形成下属执行的“闭环”。

在领导力和管理学中，“闭环”这个词是近些年被提及较多的。而传统领导力对“闭环”的界定，通常都着眼于任务“授”出去以后的执行环节，侧重在检查、反馈、干预、纠正、弥补甚至“救火”。

管理学中被广泛提倡和推崇的 PDCA 循环就是一个例子。领导者把任务计划（Plan）分派给下属，下属按自己理解去执行（Do），执行过程中领导者需要检查（Check）是否存在问题，然后再指导下属改进其行动（Action）。

这种看似完美的“闭环”在实际管理中却存在很大的隐患。下属执行中出现的不少问题，等领导者发现时往往已经滞后和恶化了，这个时候往往错过了最佳时机，而且成本代价很大，领导者会被迫不断扮演下属身边的“救火队长”。一言以蔽之，“事后诸葛亮”不是一个好领导应该扮演的角色。

而变速领导力认为，下属执行的“闭环”应该前移到整个执行链条的源头，即授权阶段就形成“闭环”。然而授权阶段若要形成“闭环”，领导者在分派目标和安排任务时，必须学会给下属设定边界。

领导者在授权时给予授权对象一个边界，这一边界由任务目标、权限、时间、信息、资源等要素组成，只要被授权者的行为被约束在这个边界内，既能确保其自主权，又能实现授权的安全可控。授权边界模型如表 2-3 所示。

表 2－3　　授权边界模型

<table>
<tr><td colspan="6">职责或责任：____谁：________</td></tr>
<tr><td>职责描述</td><td>边界条件</td><td>知识和信息</td><td>技能</td><td>资源</td><td>支持</td></tr>
<tr><td></td><td>期望值/结果

限制条款

权限层次

时间指导</td><td></td><td></td><td></td><td></td></tr>
</table>

从表 2－3 中可以看到，这个模型由如下要素组成。

1. 职责描述

被授权者需要关于其所要承担工作的职责定义。领导者要清晰明确地进行职责描述，不能含糊、抽象、概念化，要做到具体化、数量化、标准化。

2. 边界条件

影响被授权者能否良好履行所授权职责的因素是什么？这些影响因素需要领导者一一交代清楚，缺一不可，这些因素包括：

（1）期望值/结果：必须明确领导者对授权对象完成任务和职责的期望结果是什么，可以是定性的或定量的，但能定量则尽可能定量。

（2）限制条款：定义了在履行职责时不可逾越的既定条件或限制条件，限制条件无须很多，但少而精，务必交代给对方哪些是千万不可逾越和违背的。

（3）权限层次：领导者要告诉对方执行一个任务的自主程度和权限，共有 5 个层次的职权，取决于被授权者的经验与能力。

层次 1：在获得指导时才行动。

层次 2：在获得批准后行动。

层次 3：在磋商后行动。

层次4：行动并汇报。

层次5：自主行动。

（4）时间指导：领导者要告知对方完成任务的时间限制（里程碑式的活动，项目完成时刻，被授权者承担一个角色的时间长度等）。

3. 知识和信息

如果被授权者要承担不十分熟悉的或者新的职责，他们必须获得必要的知识和必要的信息，领导者需要明确提供和告知从哪里可以获得。

4. 技能

被授权者如果希望在新的职责方面取得成功，他们必须接受额外的培训并获得相应的技能，这些技能，领导者都需要告知对方谁将提供辅导，在何时何地以怎样的方式提供。

5. 资源

被授权者履行好职责所需的资源，可包括工具、设备、人员、技术等，需要领导者明确告知。

6. 支持

支持是情感上的和心理上的，让被授权者知道你相信他们完成任务的能力，允许他们犯错误，而且你愿意随时与其沟通。这是一种鼓励，是信心的传递。

【案例】

BBA集团是一个以欧洲为基地的全球能源和自动化实业集团。BBA集团总裁帕希·巴勒维克试图向他的员工授权，几乎有两年时间，BBA各级员工都试图把重要的决策原路踢回，共同的、重复的说法是："老板，这是一个艰难的决定，这必须由您来做。""不，见鬼去吧，让老板决定。"但是巴勒维克意识到如果让他的员工就此放弃，所有的决策最终仍然会返回到他的办公桌上。如果真的发生这种事，那么BBA变革就不会发生，虽然他比其他人能进行更好的决策（事实上他们更接近相关信息），如此一来各级员工会消极地站在四周，对决策是否能确实执行抱无关痛痒的态度。

领导者在授权与任务分派中需要特别防范的一个现象便是"反授权"。"反授权"是执行者将工作问题与矛盾推给上级，使领导无形中沦为"下属"，形成了本末倒置。我们经常遇到的另一种情况是领导越俎代庖，在授权后却心怀不安地四处询问、插手执行。其实，“反授权”是岗位责任不清，未得“坚守”所致。很多时候，由于反授权，执行者的工作责任和权利由其上级承担，久之成性，凡事找领导，造成企业内部效率低下，互相搪塞。

在当前各种各样的组织中，“反授权”或“不接受授权”的情况非常普遍，这让很多致力于建立授权环境的领导者非常头痛。

防止“反授权”绝非易如反掌，有位领导在分享反授权经验的时候这样表示。

在我授权下去一件事情，当下属过几天来跟我说，在执行中遇到了一些挑战，进展不是很顺利，问我怎么办才比较好的时候，这是通常的反授权现象。我就对他说：“我也不知道怎么办，唯一的办法是你继续去办，你办好了得到奖励，你办不好得到惩罚；不管是奖励还是惩罚，你都是在兑现自己的承诺，履行自己的工作职责，为自己的生命赢得尊严；当然我相信你，如果你还在乎公司、承诺、职责和尊严的话，你一定会把事情解决，而且会办得很好。”

当我说完上述话的时候，据统计发现，有90%的人都把事情办了，只有不到10%的人没有把事情做好，而这10%的人也正是达不到我们要求的人，这叫授权有力。如果您的公司出现类似的情况，就可以使用这段话，虽然不能完全解决公司执行不力的状况，不过也将会给您在任务执行当中减少、避免乃至杜绝反授权现象的重复发生。

这位老总的经验分享虽不能完全照搬照抄，但至少反映了防止“反授权”的三个重要原则。

第一，坚决不受下属影响，不要出于自我感觉良好或者怜悯下属而接“烫手的山芋”，坚持让下属自己做决定，自己完成。

第二，给下属足够的鼓励和信心，通过“抬高”下属让对方愿意自主决定，把任务执行下去。

第三，回顾运用授权边界模型进行任务分派时的相互承诺，告诉对方这在他的职责之内，自己不会干涉。

第二节　面对面领导力工具之二：双轨式教导

一、有效教导的三大原则

有一句话非常经典："最接近领导的人将决定该领导的成功程度，最接近领导的人将决定该领导的失败程度。"这句话对与下属建立密切关系的面对面领导者而言，尤其适用。

领导者的业绩全依赖于是否有效地开发身边人的能力。下属的能力的70%是从工作中得来的，这70%的能力大部分不是自然而然生出来的，而是在上司的辅导、教导下成长起来的。对于面对面领导者，因为直属团队规模不大，自己与下属的互动比较多，因此更有条件、更有责任、更有义务去提升下属的能力，而面对面领导者需要特别认知的是，下属的能力，既包括工作能力，也包括心理能力，这两者缺一不可。在绝大多数面对面领导者的心中，能力仅仅指工作能力和专业能力，殊不知缺少心理能力这个基础，工作能力和专业能力将大打折扣，甚至毫无价值。

为了提升下属的工作能力和心理能力，面对面领导者特别需要学习和掌握双轨式教导，既要通过辅导技巧提升下属的工作能力，又要通过劝导技巧提升下属的心理能力。更为重要的是，面对面领导者需要通过沟通，区分下属面临的问题和挑战，到底是工作能力不足导致的，还是心理问题造成的，到底需要的是能力辅导，还是心理劝导。

【案例】

兔子是历届小动物运动会的短跑冠军，可是它不会游泳。动物管理局为了小动物的全面发展，将小兔子送进游泳培训班，同班的还有小狗、小龟和小松鼠等。小狗、小龟学会了游泳，又多了一种本领，心里很高兴；小兔子和小松鼠花了好长时间都没学会，很苦恼。培训班教练野鸭说："我两条腿都能游，你们四条腿还不能游？"

评论家青蛙大发感慨："兔子擅长的是奔跑！为什么只是针对弱点训练而不发展特长呢？"思想家仙鹤说："生存需要的本领不止一种呀！兔子学不了游泳就学打洞，松鼠学不了游泳就学爬树嘛。"

这则故事引出了领导者在给下属和团队成员进行教导时的第一个原则，即针对性。每个下属都是独特的，领导者在教导下属中如果一味要求员工改变、学习、提高、综合发展，不结合员工的实际情况和自身特长，反而不利于员工的发展。个人的成长应该有明确的定位和方向，总体上应该是扬长避短的。许多领导者一味求全责备，提倡补短，眼睛总是盯着员工的短处，不能充分发挥每个人的专业和特长，同时还容易丧失抹杀团队成员的优势，所以我们每一位面对面领导者都应该避免成为"野鸭教练"。

【案例】

从前，在一个马戏团里有一位驯养员，在他所饲养训练的动物中，一对小老虎的表演最为逗趣、可爱，演出时场场满座，深受观众的喜爱。

驯养员每天喂小老虎一斤肉，然后再加以训练。它们受到奖励便表现得非常突出，演出动作完全按照驯养员的要求。因此驯养员相当得意，摸摸两只小老虎的头以示赞许，小老虎也咆哮一声，自鸣得意一番。

随着时间的流逝，小老虎长大了，而驯养员却仍然每天只喂它们吃一斤肉。到了第三年，小老虎已经变成了大老虎了，这时它们的食量大增，仅吃一斤肉已不能喂饱它们，所以它们常在表演时对着驯养员吼叫，暗示它们的需要。然而驯养员不以为然，以为它们又在自鸣得意。一天，在全场爆满的观众的期待之下，驯养员又带着这一对老虎出场献艺。驯养员先喂了老虎一斤肉，老虎也做了一番精彩的演出，然而接着它们却在全场观众的热烈掌声中，咆哮一声，在众目睽睽之下向驯养员猛扑过去……

这个小故事则揭示了领导者在教导下属时的第二个原则，即发展性。很多领导者的培养内容和教导方式一成不变，当下属的能力、思维、眼界和期望在不断提升时，领导者的教导内容和方法却没有相应调整和跟上，这不仅会让下属觉得在团队中已经没有了学习和发展空间，更有可能导致领导者在实施教导时与员工发生冲突和矛盾。优秀的教练式的领导者，一定会定期评估下属的学习效果以及能力与心态发展进度，相应地调整下一阶段的教导计划。

【案例】

一官员微服私访，路过田间，看到一农夫驾两头牛耕地，他大声问："这两头牛，哪个更好?"农夫看了他一眼，并没有回答。等到了地里，牛在一旁吃草，农夫附在官员的耳边，小声地说："东边那头牛更好。"官员奇怪，问道："你为什么这样小声说话?"农夫说道："牛虽然是畜类，但是它的'心'和人是一样的，如果我当面大声说哪头牛好哪头牛不好，它们会从我的眼神、手势和声音分辨出我对它们的评价，另一头牛心里会难过的……"可见，农夫对他的牛可谓"爱之深"了，所以他注重和讲究方式、方法，绝不当众褒贬，绝不当众对比评论，唯恐伤了另一头牛的心，令其难堪。在教导下属的时候，领导者如果真心为了下属的成长考虑，他肯定会选择一对一地去跟下属谈他的问题，而绝不会选择在公共场合去斥责员工。私下的一对一辅导和劝导，更能维护员工的面子和自尊。古人云："扬善于公堂，规过于私室。"如果一个领导者在公共场合当面指出下属的不足，不仅可能导致下属的反击，使自己下不来台，而且可能会让一次有效的教导胎死腹中。因此，面对面领导者在实施下属教导时，需要特别注意第三个原则，即私密性。有效教导的三大原则如图 2 – 4 所示。

图 2 – 4　有效教导的三大原则

二、下属教导的两大轨道——辅导与劝导

【案例】

有一个叫金星的销售经理，新接手了一支销售队伍。他发现了一件事情很奇怪：这个部门有一位资深销售代表叫明月，每月的业绩竟然不如一个大学刚毕业的新人。他已经连续两个月未完成销售指标，从他的拜访记录和客户状况进行分析来看，主要是没有增加足够的新客户和新的销售机会。

金星向明月了解业务上的困难，明月陈述了很多问题。之后，金星按惯例跟他进行了协同拜访，共同走访几家客户，旁观了明月的整个销售过程，发现明月技巧优良，无论在建立客户关系、介绍产品、解决疑难、促成销售等各方面都很得体、经验丰富。他的销售技能绝无问题。

在此情况下，金星做了一些准备，然后跟明月约了时间，进行了一次正式的面谈。一开始，金星拿着销售代表的拜访记录，就每个客户的细节问题连续发问，如每一个客户在你当时去拜访的时候都发生了什么事情，有没有销售意向的表述，最后发生了什么事情，这个销售机会是如何流失的，等等。

问到一些大的客户时，明月尚能侃侃而谈，到后来，问到一些比较小的客户时，明月就没话说了。最后发现，明月对他的某些客户根本不熟悉，虽然这些客户的名字写在了他的拜访记录上。

这时候，金星问了他一个关键的问题："你最近是不是并没有好好拜访客户？"

明月沉默了一下，回答："是。"金星问他："为什么？"

到这一步，明月知道不说实话是不行了，而他给出的事实也相当惊人。他说，以前他负责一个区域，做了四年，业绩一直很好，和客户关系也非常好，每个月都会顺利收到很多订单。但公司内某高管推荐了一个人进来，看上了他的区域，就把他调到这个部门来开发新的客户。

他觉得自己的成果被别人侵占，不公平，也不愿再好好开发客户，因为做好了又会被抢走。听到这里，金星对明月存在的问题和自己接下来要做的事情已经有了初步的设想和规划，他做出了重要的第一步判断，那就是明月需要的不是能力辅导，而是心理劝导。

这个案例给面对面领导者的启示是：在我们着手对下属进行教导之

前，我们一定要分析下属急需解决的到底是能力问题还是心理问题。如果是能力不足，那下属需要的就是辅导；如果是心理问题，那下属需要的则是劝导。辅导与劝导的差别如表 2－4 所示。

表 2－4　辅导与劝导的差别

教导的类型	辅导	劝导
定义	辅导就是行为辅助与工作指导的简称，辅导就是通过辅助与指导来提升下属的工作能力，改进其行为表现	劝导就是心理劝解与观念引导的简称，劝导就是通过心理疏导和观念引导等方式来解决下属的心理问题，改进其行为表现
特征	• 私人场合 • 有关知识和技巧问题 • 他不知道方法 • 事前准备充足 • 早已有固定的答案 • 以示范为主 • 对象耐心愿学或害怕紧张 • 可以介入第三者 • 展示答案 • 可以见到结果	• 私人面谈 • 有关个人或人际关系问题 • 他有方法但感觉迷茫 • 事前毫无准备 • 在讨论中找解决方法 • 以聆听为主 • 对象情绪激动或意志消沉 • 不可以介入第三者 • 建议一个办法 • 未必见到结果

从辅导与劝导的特征对比中可以看到，两者的区别如下。

（1）内容不同。辅导解决的是知识、技巧和能力问题，而劝导解决的是个人心态、情绪和人际关系问题。

（2）准备程度不同。辅导一般是领导者有所准备的，事先计划的，而劝导往往是突发的，或者是领导者由于事先缺乏必要信息而无法预先准备内容的。

（3）方法不同。在辅导中，领导者主要根据下属存在的能力问题，提供建议，并进行示范；而在劝导中，领导者则以积极的聆听来逐步进行情绪安抚和心理疏导。

（4）参与者不同。在辅导中，为了提升辅导的效果，领导者可以邀请具有相关经验的人士来参与辅导；而在劝导中，为了增强私密性和安全感，领导者不能引入第三方，也不能把问题泄露出去。

（5）结果不同。在辅导中，领导者是可以根据预先的计划逐步跟进进度，看到结果的；而劝导则不同，领导者的心理劝导未必一定能起到作用。

三、海豚式辅导六步法

面对面领导者对下属的能力辅导，可以很好地借鉴海洋公园中驯兽员对海豚的指导和训练，遵循 KYHO（Keep Your Hand Off）的原则，那就是只进行聆听、分析、建议和示范，但千万不能帮员工去完成工作和任务，也不能替代员工解决问题。海豚式辅导六步法如表 2－5 所示。

表 2－5　海豚式辅导六步法

辅导步骤	必须遵循的原则
让下属感到轻松而自信（Relax）	• 每次只集中一件事情 • 尊重对方，态度诚恳 • 了解对方所面对的困难及感受 • 令下属感到自然及对改进自己的表现有信心
具体指出下属在行为上的差距（Gaps）	• 请下属指出个人的行为表现、效果及影响其表现的因素 • 让对方解释和申辩 • 客观，对事不对人，始终如一
帮助下属找出更佳的处理方法/行为表现及指出预期的效果（Alternative）	• 引导下属思考，自己寻求解决方法 • 肯定新的行为表现/处理方法的优点，加强信心 • 采用中性的评语，多用我们，少用我
尽可能把建议和改进方法转化成可标准化的行动并进行示范（Standardized Action）	• 和下属一起协商，把新的行为变成具体的标准步骤 • 一起确认标准步骤中的关键点和细节 • 通过讲解、示范等手段让下属直观地掌握
让下属进行高密度练习（Practice）	• 尽快让下属应用新的技巧 • 尝试先由一些较容易处理的情况开始，建立下属的信心 • 留意对方的反应：诧异、恐惧、不满、愤怒、尴尬、同意等，并小心聆听 • 对下属进行持续鼓励
评估并进行反馈（Evaluate）	• 具体说出下属的行为表现 • 称赞时千万不要增加额外任务 • 指出下属行为带来的后果（好或者不好） • 设计出双方同意的改善计划并跟进

【案例】

经理："最近你们团队的业绩表现不错，只是我听到消息，说有些员工感觉你说话不给他们面子，让他们下不了台，所以他们心里有想法。你是不是也感到最近和部分下属的关系有些冷淡？我之所以找你，是觉得这个问题如果不能很好地处理，将来会让你在管理团队上产生更大压力。我想了解你有什么困难，看我是否可以提供帮助和支持。"

主管："经理，我明白你在说什么。的确，我有时候脾气不太好，但我所指出的问题，都是有理有据的，我并没有冤枉他们。"

经理："我非常理解，但你是否考虑过你的沟通方式能起到你想要的效果吗？你所认为的道理能被员工接受吗？你是否可以改进沟通技巧，既能让你的观点获得认同，又不破坏自己和下属的关系？"

主管："我也想过，但我说话的习惯已经养成了，一不小心就会这样。"

经理："我想问问你，如果你是下属，你觉得上级怎样的表达方式是你能心悦诚服接受的？"

主管："我想那一定是给我理解和尊重的，相互交流的，能给自己面子的。"

经理："那你觉得指出下属的问题和缺点时，应注意什么？"

主管："应该是先肯定和认可，再指出问题，这样下属会好受些。"

经理："完全正确。如果把你刚才说的再具体和明确点，可以分成三个步骤，我们称为3F法，简单易学。如果3F能很好地帮到你，你愿意去用吗？"

主管："那肯定啊，那3F具体是什么呢？"

经理："你可以学会说三句环环相扣的话，第一句就是表达你对对方情感的理解，'我理解你的感受'，这是第一个F，即FEEL。第二句是表达你对对方所提出的问题的认知，'或许有别人刚开始也会和你想法一样'，这是第二个F，即FELT。第三句是表达出你想表达的真正观点，'后来他们发现，其实我这样做是为了……'这是第三个F，即FOUND。通过这三个F来表达你的观点，获得的接受度会大大增加。"

主管："这三个F真是简单易学啊。"

经理："这一定要多练才能成为习惯！这样，你能否答应我一件事情，每天至少用10次，一周后和我沟通一下使用后的效果。我相信这一定能大大改善你的沟通效果。"

主管："没问题，真的很感谢。"

这是一个典型的能体现出海豚式辅导六步法原则的辅导案例。首先，经理的开局让下属感觉轻松而无压力，他从正面而非负面角度切入问题。在指出主管遇到的现象和问题后，经理并不主观地分析原因和给出结论，而是引导主管自己认识到问题，自己找出解决问题的方向和思路。

其次，为了让主管能迅速掌握可反复练习的方法，经理把主管的思路高度归纳成可以标准化的3F法，这体现出经理作为一个辅导者极强的归纳总结能力。

最后，经理不仅布置了具体的练习和操练的任务，同时约定了接下来检查效果的时间点。

工作技能辅导即便有再完美的步骤，大部分领导者也会反映下属在学习使用中效果不尽如人意。领导者总把辅导效果不佳的矛头指向下属的不用心、不练习和不使用，但事实却证明问题的真正根源恰恰在于领导者在辅导时缺乏一种重要的能力，这种能力用一个字表达就是“收”。

领导者必须自我诊断每次辅导后提供给下属的成果是否是碎片化的、概念化的、复杂化的甚至杂乱无章的。从下属掌握的角度而言，越复杂越无效，越抽象越没用，越“高大上”越无法落地。

因此领导者不仅要注重辅导的步骤，更要注重每次辅导的成果，并且一定要用“三化”的手段完成辅导成果的“收”字诀。

所谓辅导成果的“三化”即浓缩化、通俗化和行动化。所谓浓缩化是指领导者一定要简化辅导内容，学会做“减法”。10页纸的PPT（演示文稿）内容太多，可否尽量浓缩成1页的纲要，1页纸的内容如果难记可否提炼成简简单单的1句话，甚至1句话的内容可否进一步简化成一个关键词。物理学中，压强等于压力除以面积，面积越小压强越大。同理，领导者在辅导中给予下属的内容越精简，记忆效果和刺激效果就越强。

所谓通俗化是指辅导的内容一定要尽量避免抽象性词语，尽量用“大白话”，以确保下属理解得一清二楚，明明白白，没有任何歧义。能在辅导中用词“通俗易懂”的领导者才是真正的教练型高手，因为他们需要的是向下属传递信息的准确度和保真度。优秀的领导者非常认可通俗化背后的“傻瓜原理”，即他们说的话任何人、甚至傻瓜都能听明白。

所谓行动化是指领导者在向下辅导时尽量用动词而非其他词性，因为动词不仅有画面感，便于记忆，而且能让下属在日后行动中产生“条件反射”。把需要下属掌握的，需要下属去做的，提炼成行动口诀，变成行动步骤，转化成动作标准，这就是辅导中行动化的内涵。

四、完美心理劝导的四大准则

【案例】

陈锋是某制药公司华东区经理李良最得意的下属之一。让李良头痛的是，最近陈锋特别喜欢喝酒，喝酒时又喜欢带上一帮人，不喝到三更半夜不肯罢休，造成第二天许多与他一起喝酒的同事都迟到，或者因睡眠不足而无精打采。李良也劝说了陈锋几次，都没有效果。这时，有人告诉李良，陈锋最近经常发牢骚，说他不知感恩，自己辛辛苦苦为公司打拼，为华东区的业绩做了最大贡献，李良不仅不给予足够的奖励，反而为了喝酒的事情喋喋不休，他觉得李良变了。震惊之后，李良心里对陈锋进行了一次全面的评价。陈锋人品是没有问题的，公私分明，平时很会想办法帮公司省钱，也不会和客户之间产生权钱交易。仔细想来，李良觉得陈锋虽有越轨行为，但没有原则问题。于是，李良索性直接约陈锋喝酒。酒桌上，李良表达了自己对陈锋喝酒的担忧，说他既担忧自己兄弟的身体，也担心整个公司没有了制度，说到伤心之处，李良泪湿衣襟，陈锋也被其一番情真意切的话感动得流下了英雄泪。李良接着追问陈锋，如果自己猜测的没有错，最近陈锋一定是遇到什么工作和生活上的问题，心理有了压力才导致酗酒解愁，希望他能说出来。

陈锋看李良如此有诚意，借着酒意，他把最近和老婆之间冷战的事情和盘托出。李良听后，他极度自责自己对下属关心不够，并和陈锋一起聊起问题有怎样的解决途径和方法。他鼓励陈锋，既然在事业上能无往不胜，在家庭问题上只要愿意解决，一定能解决好。

李良提醒陈锋：“你在客户沟通方面的能力这么强，在客户关系维护上的表现上这么优秀，在谈判上这么有经验和技巧，只要你把这些本事用在解决感情问题上，一定能让问题迎刃而解。”李良的话让陈锋如梦初醒，陈锋说：“谢谢提醒，我知道怎么做了！”

李良针对陈锋的情况进行了分析，并认为陈锋所存在的心理问题，需要自己亲自去沟通才知道现象背后的原因和问题，这也符合心理劝导的特征，那就是不进行面谈就不能掌握足够的信息。

李良之所以能有极其出色的劝导表现并取得了效果，是因为他的劝导行为和技巧符合了完美心理劝导的四大准则（见表2－6、图2－5）。

表 2－6　　　完美心理劝导的四大准则

四大准则	必须遵循的原则
关注情绪准则	• 不要从问题切入，而是要从情绪切入 • 运用沟通技巧，传递对对方情绪和情感的关注和关心 • 从情绪中寻找原因和解决办法，而不是关注问题本身
正面表达准则	• 同样的问题和观点，可以从正反两面解释和表达，但在心理劝导中，一定要符合正面表达的准则 • 正面表达要认可对方的情绪和情感，但不一定是认可对方的观点和做法 • 正面表达的目的是给予对方信心和动力，领导者千万不能释放负面情绪
挖掘资源准则	• 每个被劝导对象，其实都愿意配合进行改变，因此劝导者要学习挖掘其内心的力量，挖掘其自身的动力，挖掘其身边的资源来摆脱情绪困境，这样效果更好 • 如果劝导者硬是要把自己的观点、想法、解决办法灌输给劝导对象，反而会让对方退缩或抗拒
尊重边界准则	• 劝导者一定要清楚哪些是自己能做的，那些是自己不能做的，哪些是需要自己做的，哪些是需要被劝导者做的，边界必须清晰 • 劝导者对下属遇到的情绪和心态问题，特别是私人问题，要考虑介入的“度”，有时候介入太多反而让自己如“陷入泥潭”般不能自拔

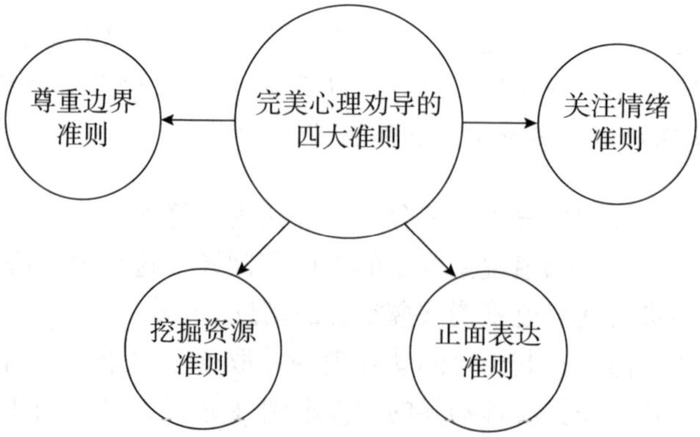

图 2－5　完美心理劝导的四大准则

1. 关注情绪准则

从案例中可以看到，李良在和陈锋沟通时，始终关注对方的情绪，安抚对方的情绪，他用喝酒的方式进行沟通，其实也是一种更好地进行情绪表达的形式。他用自己的眼泪获得了陈锋的感动，他绝口不提陈锋的问题，而是不断强调陈锋这样做，一定有难言之隐。或许陈锋对李良的直言不讳并不惧怕，但他显然被这样的情感沟通和情绪安抚征服了。

大脑神经研究发现，人的大脑里面有专门负责情绪的“情绪中枢”和负责分析思考的“理智中枢”，如果“情绪中枢”异常活跃，“理智中枢”就无法充分活跃。也就是说，当一个人情绪高涨的时候，通常无法进行冷静思考。正常人一旦遭遇刺激性事件，被激发的首先是情绪：恐惧、愤怒、悲伤、高兴……

面对一个垂头丧气或烦躁不安或怒发冲冠的下属，领导者一定要记住：任何理性的指导劝说都显得苍白无力，安抚情绪是第一位的！那具体该如何有效安抚情绪呢？真诚地帮对方把目前的心情表达出来，例如：“我能感觉到你现在一定很难受”“我能体会到你进退两难的感受”，并且配合表达关切的肢体动作和声调，身体微微前倾、语调柔和，等等。

2. 正面表达准则

李良和陈锋的沟通，最初的动机是解决陈锋自由散漫和散布流言等问题，从这个角度来看，李良足可以义正词严地“教训”陈锋，告诉他这些做法违反了公司的纪律，再这样下去，公司一定会采取处罚措施。但李良深知心理劝导不是分对错，而是讲沟通效果和追求劝导最终的结果。

因此，李良遵循了正面表达准则，所有的沟通表达都不带任何“负面情绪”，都不从“负面角度”出发，而是以自责、关心、期望等角度来表达出对陈锋的关心和期待。结果证明，他的正面表达起到了作用。

大量的心理劝导案例表明，没有人愿意在劝导过程中被负面情绪压抑和笼罩，没有人愿意被说教、被指责、被教训、被呵斥，这些方式只能激发更多的负面情绪，而只有领导者的正面表达才能为下属导入能驱散负面情绪的正能量。

3. 挖掘资源准则

因为陈锋是个好强的人，因此在寻找解决办法时，李良并没有居高临下，指手画脚地给予建议，而是给予不断的引导和暗示，让陈锋认识到自己如果转换角色，运用帮自己赢得了大量客户的沟通技巧，一定能解决家庭问题。这表明李良懂得在心理劝导时的另一个原则，那就是帮助劝导对象自己去挖掘资源，增强自信和动力。

许多下属陷入心理困境无法自拔，往往是因为思维笼罩在负面情绪下变得狭隘，认为前方无路可走。在劝导下属过程中，领导者绝对不能把自己对问题的看法、价值观生硬地灌输给对方，而需要在理解下属处境的前提下，帮助和引导下属看到自己的资源，增强自信，突破思维宽度，看到摆脱困境的希望。

所谓的资源主要指心理资源，包括下属自身能力和个性的优势，以及其拥有的社会人际网络。每个人身上都有较为突出的优势，领导者需要帮助下属发现这些优势，扬长避短规划自己，才有可能让他们获得解决问题的成就感和幸福感。

有研究表明，心理劝导效果的40%来自下属自身的配合改变，即下属本身的动机和意愿在心理劝导中占到相当重的分量。同理，只有下属看到自己拥有的资源，真正意识到天无绝人之路，相信自己有能力做出改变，这才是实现改变的最强大动力。

4. 尊重边界准则

李良对陈锋的婚姻关系和私人生活并没有太多的介入，并没有主动要求和陈锋的太太谈，这是因为他深知在心理劝导中需要尊重边界，界定自己应该做的和不应该做的。

的确，需要领导者特别注意的是，帮助或劝导下属时需要注意边界。做任何事情都有边界、有底线，要明确哪些事情我们可以做，哪些事情我们不能做，哪些事情是可做可不做的、做到什么尺度要收手。

在为下属提供心理劝导的过程中，一方面要尊重下属的边界，有些热心的领导者试图帮下属调解夫妻感情不和问题，建议在此之前评估下属愿不愿意接受你的帮助，否则将变成入侵他人私生活，吃力不讨好；另一方面要考虑自己的能力边界，有些领导者在劝导中做了自己能力之外的事情，反而让事情弄巧成拙，事与愿违。

【链接】

表 2－7 是双轨式教导效果评估表，读者可根据其中内容进行评估。

表 2－7　　双轨式教导效果评估表

第一部分：由领导者自己完成				
阅读以下陈述，评估这些特征有多少符合你。勾出你的评分，其中：4 = 非常典型，3 = 部分典型，2 = 部分不典型，1 = 不典型				
1. 我积极寻找机会，和员工讨论他们的工作问题。	4	3	2	1
2. 我让他们觉得我很坦率。	4	3	2	1
3. 我准备了与员工的谈话框架。	4	3	2	1
4. 我鼓励员工在交谈时提问题。	4	3	2	1
5. 我帮助员工描述自己的改进目标。	4	3	2	1
6. 我向员工提问，以核实他们所定的目标是详细的、现实的、可实现的、有效的以及可测量的。	4	3	2	1
7. 在考虑如何解决问题之前，我帮助他们先对问题有一个全面的理解。	4	3	2	1
8. 我帮助员工探索，为了改变境遇他们能做什么。	4	3	2	1
9. 我鼓励他们探究解决问题的其他方法。	4	3	2	1
10. 应员工要求，我会提供新的想法。	4	3	2	1
11. 我促使员工承担起自己解决问题的责任。	4	3	2	1
12. 我鼓励他们计划好如何实现进步。	4	3	2	1
13. 我询问员工他们在进步时所需要的支持。	4	3	2	1
14. 我让员工很放松，让他们没有压力，产生信心。	4	3	2	1
15. 我同员工商定计划，以对进步后的结果进行评估。	4	3	2	1

续 表

第二部分：由被辅导或劝导的下属完成				
阅读以下陈述，评估这些特征有多少符合他。请如实填写，你的评估将有助于他的改进计划。勾出你的评分，其中：4 = 非常典型，3 = 部分典型，2 = 部分不典型，1 = 不典型				
1. 他会积极寻找机会，和我讨论我的工作问题。	4	3	2	1
2. 他让我觉得他很坦率。	4	3	2	1
3. 在开始与我谈话之前，他准备了谈话的框架。	4	3	2	1
4. 他鼓励我在交谈时提出问题。	4	3	2	1
5. 他帮助我设定自己的改进目标。	4	3	2	1
6. 他向我提问，以核实我所定的目标是详细的、现实的、可实现的、有效的以及可测量的。	4	3	2	1
7. 在考虑如何解决问题之前，他先帮助我对问题有一个全面的了解。	4	3	2	1
8. 他帮助我探索，为了改变境遇我能做什么。	4	3	2	1
9. 他鼓励我探究其他解决问题的办法。	4	3	2	1
10. 应我的要求，他会提供新的想法。	4	3	2	1
11. 他促使我承担起自己解决问题的责任。	4	3	2	1
12. 他鼓励我计划好如何实现进步。	4	3	2	1
13. 他询问我进步所需要的支持。	4	3	2	1
14. 他让我很放松，让我没有压力，产生信心。	4	3	2	1
15. 他与我商定对我的进步结果做评估。	4	3	2	1
第三部分　如何评分				
将相应于每项陈述的得分填入下面的空格，然后取下属评分的平均分				

续 表

陈述	领导者自我评分	下属评分	下属评分	下属评分	下属评分	领导者和下属的评分差异
1.						
2.						
3.						
	现在请比较你的自我评分与辅导和劝导对象的平均评分。如果其中的差值超过 1，那么意味着其中的某些地方应该有些改进					

第三节 面对面领导力工具之三：承诺式激励

一、承诺式激励

【案例】

Wilson公司是一家中外合资的视频网站，公司在同行中规模属于中下水平，资金实力相对偏弱，不可能为所需人才付出发达地区同等高水平的薪酬；同时，由于处于内陆地区，地域较为偏僻，工作与生活条件远不及沿海发达地区。以上两方面原因导致Wilson公司在人才竞争领域明显处于劣势，本地人才严重不足，又难以吸引外来高手加盟，尤其在创意开发人才这一项上，与竞争对手有很大差距。

在公司最初运营的几年内，网站内容的深刻度、创新度、吸引力等方面都差强人意，而新担任创意开发部经理的“海龟经理人”Andy加入后短短半年，整个创意开发团队的士气和创造力发生了天翻地覆的变化。

Andy为激励下属独创了“明星激励法”。一方面，他为调动团队的创造力和工作激情，为每个人“量身定做”几位业界有名的明星，使团队成员对他们产生向往心理；然后Andy本人和下属一起，研究明星的成长历程，分析、讨论该明星的风格、长处、短处，并且用心理暗示，让员工明白，这些明星不是天生的，也是普通人锻炼成长起来的，只要自己努力，也一定能够成为业界名人。另一方面，Andy在工作安排上，为团队成员创造成名的条件，例如设立以个人名字命名的栏目，尽可能安排他们在各种活动上亮相等。这种“明星激励法”并未增加企业任何成本，只是给员工制订了具体的、具有美好前景和诱惑力，同时又现实可行的奋斗目标。这样的激励作用迅速收到了成效，短短的半年时间，Andy所在部门在敬业精神、工作态度、工作能力等方面明显提高，内容质量大大提升，访问量快速增加，权威性和影响力也获得长足进步。两年后，该网站以超过竞争对手总和的市场占有率成为业界唯一的领袖。

这个案例让我们领略到了内在激励所产生的强大力量，和以物质手段为标志的外在激励相比，内在激励的效果更长远，满足感更强，内驱力更强大。

美国著名的销售管理泰斗，《成功销售管理的七大秘诀》的作者杰克·威尔纳曾表示：不要奢望去激励别人，与其这样，还不如想怎么去给团队创造一个让他们自己能激励自己的氛围。

美国西点军校前首席战略官拉里·唐尼索恩博士认为，西点军校的高度执行力和责任意识不是来自制度约束，而是来自西点人强大的承诺式激励，这是一种发自内心的自我激励，这是一种自己愿意承诺把事情做好完成好的强大动力。

承诺式激励既然如此重要，那是否意味着领导者多给下属设置一些挑战性目标，多给他们一些鼓舞人的梦想，多创造工作的主动权就能实现承诺式激励的可喜效果了呢?

【案例】

爱维克公司是一家从事计算机硬件、软件销售和二次开发的电脑公司，顺应市场需求的增长，爱维克也占据了一定的市场份额。

随着市场日益饱和，竞争对手不断通过更有竞争力的产品和服务蚕食自己的客户，爱维克为了继续保持公司的快速发展，决定进一步刺激员工的积极性，该公司市场总监借鉴当时较为风行的目标管理法对员工进行目标管理：公司根据第二年销售额的预测，将其自上而下，分配到每一个部门，再由各部门分配到每位员工头上，取消了原执行的按销售比例提成制度，改为未完成任务时只有极低提成，超额完成任务则有巨额提成。

表面上看来，优秀员工在超额完成任务后，收入将大幅度提高，而对于不能完成任务的“不合格”员工，公司又降低了花在他们身上的成本，似乎是一举两得的好事。

但员工在仔细分析后发现，由于爱维克所处市场环境竞争加剧，公司产品优势逐渐丧失，公司规模扩大、销售人员增加导致每位销售人员所拥有的潜在蛋糕变小，并且公司在资金实力、内部管理、配套服务等方面跟不上快速增长的需要，几乎无人有信心完成既定销售额。多数员工产生了“被愚弄”的情绪。一年之后进行核算，全公司没有一个人能得到高额提成，核心销售人员流失殆尽。两年后，该公司已濒临倒闭。

从实现员工承诺式激励和自我激励的角度，爱维克公司的政策调整或许是正确的，给员工更高的目标、更大的挑战，或许能激发其斗志和士气。然而最后的惨淡结果出乎公司管理层的预料，完全违背了其设定目标激励的初衷。这个案例揭示了承诺式激励若要产生效果，必须满足四大标尺。

二、承诺式激励四大标尺

承诺式激励能释放员工的能量，让员工真正形成主人翁观念与积极主动态度。但承诺式激励的成功，离不开四大标尺（见图2－6），这四大标尺能检验出领导者在推行承诺式激励时在哪些环节可能存在问题，能帮助领导者分析承诺式激励未产生预期效果的原因何在。

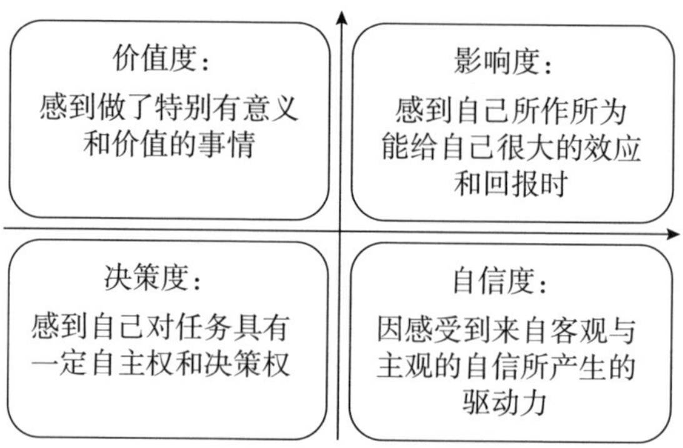

图2－6 承诺式激励四大标尺

1. 价值度

当下属认为自己做的事情特别有意义和价值时，他/她的价值感会产生极大的激励作用。

有三个工人在砌墙，一个人经过此地，就问工人甲："你在干什么？"工人甲说："我在砌墙啊！"过路人又问工人乙："你在干什么？"工人乙说："我在盖房子啊！"问至工人丙时，工人丙很愉快地回答道："我正在盖一间教堂，这间教堂将成为村内人聚会的场所，所以我要仔细地完成它。"

这三个工人对所做事情的价值体会和认知完全不同，直接导致他们做事情的动力和士气不同。面对面领导者必须深刻认识到，对任务与工作本身所赋予的特别价值和特殊意义，对下属会有直接的激励效用。因此，面对面领导者一定是"画饼"高手，能把看似低微或者毫不起眼的工作，贴上能让下属备受鼓舞的价值标签，能把原本平凡或普通的任务，描述成意义重大的使命和责任。三国时期的刘备曾经就是一位极善激励的面对面领导者，他让下属感到自己为刘皇叔流离失所甚至东躲西藏，是为了“匡扶汉室”这一伟大壮举，就连名扬天下的诸葛亮也是被这一历史使命激励的。

2. 影响度

当下属认为自己的所作所为能给自己带来很大的效用和回报时，内在动力将大大增加。

为什么福利彩票或者体育彩票这么低的中奖率，还是有大量的彩民持之以恒购买，乐此不疲？这是因为购买者非常憧憬一旦中奖以后给自己的命运带来的巨大影响和回报。为什么曹操能通过望梅止渴激励部队快速前行？那是因为他的属下能想象到达梅林后酣畅淋漓解渴的美好享受，所以快速赶往梅林这件事能给他们带来很大的回报和利益。

面对面领导者在布置任务和安排工作时，必须学会去刺激和激发下属的右脑，让下属在右脑中产生完成任务后能带来怎样的利益和回报的美好画面，这种画面越清晰、越动人，那对下属的激励作用越大。

对于那些眼前或者短期内没有太多利益刺激和价值回报的工作任务，面对面领导者一定要成为“关联”高手，即把当前的事情、任务和下属在未来可能获得的利益和回报关联在一起。

3. 决策度

当人们有自我决策的感觉时，他们不会感到处处有约束，会变得积极主动，充满动力。

索尼前董事长盛田昭夫按照惯例走进职工餐厅与职工一起就餐、聊天。他多年来一直保持着这个习惯，以培养员工的合作意识和与员工的良好关系。这天，盛田昭夫忽然发现一位年轻职工郁郁寡欢，满腹心事，闷头吃饭，谁也不理。于是，盛田昭夫就主动坐在这名员工对面，与他攀谈。几杯酒下肚之后，这个员工终于开口了：“我毕业于东京大学，有一份待遇十分优厚的工作。进入索尼之前，对索尼公司崇拜得发狂。当时，我认为我进入索尼，是我一生的最佳选择。但是，现在才发现，我不是在为索尼工作，而是为科长干活。坦率地说，我这位科长是个无能之辈，更可悲的是，我所有的行动与建议都要科长批准。我自己的一些小发明与改进，科长不仅不支持，不解释，还挖苦我癞蛤蟆想吃天鹅肉，有野心。”

正如这个案例所揭示的，面对面领导者对下属而言，有可能就是他或者她对整个组织的印象的全部。如果下属的自主性、创造性和灵活性全部被遏制了，那他们一定会失去把工作做好的原动力和推动力。

4. 自信度

当下属对他们把工作做好充满信心，认为有能力做好，他们就会充满斗志。

有个专家访问一个学校的某班级。临走前他写了几个名字给校长和班主任，告诉他们这几个人将来会取得了不起的成就。数十年后，一切成了现实，这几位被专家钦点的学生，真的成了著名的科学家、企业家、教育家。人们好奇地问这位专家为什么预测得这么准确，专家淡然一笑："我只是随机写了几个名字而已。"

为什么这几位随机被选中的学生真的取得了伟大的成就？激励他们的不是其他，而是信心。信心从这位专家那里转移到学校的校长和老师身上，再从校长和老师转移到这几位学生身上，内化成他们强烈的自信。面对面领导者一定要向下属提供客观层面和主观层面两个维度的自信。客观层面的自信来自面对面领导者提供的辅导、资源和信息，使下属获得完成任务的尽可能多的支持条件；主观层面的自信来自面对面领导者给予下属的鼓励和认可。"你行的""相信你""这件事情非你莫属"等，这些肯定和信心的转移，也是下属自信度提升的重要源泉。

在下属的承诺式激励中，如果失去任何一个尺度，人们就不会感到被充分激励，即使其他三个尺度仍然存在。以下的情境分析，清晰地展示了承诺式激励失败或者成功的原因（见表 2－8）。

表 2－8 情境分析

情境一：墙面刷颜色
工厂在重新改造生产设施和厂房时，为更好地调动员工的主动性和积极性，员工被允许决定墙上重刷哪种颜色，但结果是无人参与，冷清收场。通过承诺式激励的四大标尺来分析，很明显，员工的决策度高（那是他们的决定），自信度高（他们能做出好的决定来选择自己的颜色），但是他们的价值度低（实际上公司并不在乎墙上是什么颜色）以及影响度低（这个决定对自己而言没有什么足够大的回报和利益）

续 表

情境二：合理化建议
一个服务型组织为提升客户满意度，要求员工群策群力、献计献策，提供合理化建议，但结果是两个月过去了，没有收到一份提议。从承诺式激励的四个标尺来分析，这些员工价值度高（他们关心公司及其未来的发展方向），决策度高（他们是决策过程的一分子），但影响度低（他们不知道自己提议之后公司有什么奖励），自信度低（他们从未参与过类似的提议，对自己提议的效果和被接受程度缺乏信心）
情境三：唐僧和八戒
以《西游记》为例，观音菩萨组建了西游取经团队，其中唐僧矢志不移，目标坚定，毫不动摇，再多的诱惑或者危险也不为所动，特别是收了三个徒弟之后，体现出很强的承诺式激励。以激励标尺来分析，他的价值度高（自己所做的事情意义重大，关系到大唐百姓幸福），影响度高（取得真经后他获得极大的事业心的满足，不仅大唐百姓会永远感激他，同时还可能成佛，改变自己的命运），决策度高（他是师傅，有决定权），自信度高（他始终认为孙悟空没有解决不了的妖怪，甚至有时候他还劝妖怪自己逃走，免受伤害）。而反观猪八戒，经常思想动摇，轻易放弃，动不动就想回高老庄。以激励标尺来分析，他的价值度适中（虽然自己做的事情意义重大，但他自己并没有这样的事业心，并非太看重），影响度低（取得真经后他是否能得到封赏，他其实根本无所谓，还不如吃顿美餐娶个老婆来得实惠），决策度低（他能影响的，也只有沙僧，一路上他扮演的只是问路化缘的角色），自信度低（每次仗还没有打就开始计算怎么逃，对自己的武功没有把握和信心）

【链接】

面对面领导者想要了解自己的下属在承诺式激励四大标尺上的自我感受，可利用表2－9（A）与表2－9（B）对下属的受激励水平进行调研和了解，以便评估自己作为领导者在下属激励方面的表现。

表2－9（A）　　承诺式激励四大标尺评估问卷

1. 非常强烈不同意　2. 强烈不同意　3. 不同意　4. 中立　5. 同意　6. 强烈同意　7. 非常强烈同意

续 表

a. 我对自己从事工作的能力很自信。
b. 我做的工作对我来说很重要。
c. 在决定如何做自己的工作时我有很大的自主权。
d. 我做好工作会改变自己家庭的命运。
e. 我的工作活动对我具有充分的个人价值。
f. 我的工作表现会得到公司的赏识，获得晋升和提拔机会。
g. 我能够自己决定如何从事自己的工作。
h. 我在如何从事自己的工作方面有很大的独立性和自由性。
i. 我掌握了自己工作所必要的技能。
j. 我做的工作对我很有价值。
k. 我通过完成任务在能力和成长上会有很大的提升。
l. 我对从事自己工作活动的能量感到自信。

根据您的态度填入相关数字并计算分数。

表 2－9（B）　　分数计算

价值度	影响度	决策度	自信度
b. ☐ e. ☐ j. ☐	d. ☐ f. ☐ k. ☐	c. ☐ g. ☐ h. ☐	a. ☐ i. ☐ l. ☐
☐总分 ☐平均分	☐总分 ☐平均分	☐总分 ☐平均分	☐总分 ☐平均分
☐ 总分 = 各项目平均分之和 ☐ 平均分 = 总分/4			

第四节　面对面领导力工具之四：面谈式干预

一、低于绩效期望行为

面对面领导者一定要成为直接下属行为的导航者与监控者。很多情况下，下属自身并不具备定期衡量自己的表现与事先设定的预期之间偏差的意识和能力。面对面领导者必须确保自己的直接下属能在预先设定的绩效轨道上行进，一旦发现有“脱轨”的可能性，面对面领导者一定要采取干预和介入，绝对不能放任和纵容。

更为关键的是，这种干预和介入，一定是预防式的，而不是救火式的。换言之，面对面领导者在下属产生一些偏离预期的行为之初就应该介入，即便这些行为并不严重；不要等待产生恶劣影响和后果后，才被迫采取行动。

【案例】

魏文王曾求教于名医扁鹊：“为什么你们家能出你这样一个绝世神医呢?”扁鹊：“大王有所不知，其实我家兄弟三人，个个行医。论医术，大哥最好，二哥差些，我是三人中最差的一个。”

魏文王不解地说：“不可能啊，你的名气天下无人不知，而你大哥二哥我却从未听说啊。”

扁鹊解释说：“大哥治病，是在病情发作之前，那时候病人自己还不觉得有病，大哥就下药铲除了病根，因此他的医术难以被人认可，所以没有名气，只在我们家中被推崇备至。我的二哥治病，是在病初起之时，症状尚不十分明显，病人没有觉得痛苦已经药到病除，所以周围人都认为二哥只是治小病很灵。我治病，都是在病情十分严重之时，病人痛苦万分，病人家属心急如焚。此时，他们看到我在经脉上穿刺，用针放血，或在患处敷以毒药以毒攻毒，或动大手术直指病灶，使重病人病情得到缓解或很快治愈，所以我闻名天下。”魏文王听了恍然大悟。

很多面对面领导者，对于下属的绩效表现往往后知后觉，非要等到问题严重到显而易见的地步，才会如扁鹊般施以重药，以毒攻毒，既造成病人的痛苦，又付出巨大的代价。正如扁鹊所言，这不是真正高明的医术，这也不是真正高效的绩效管理，这更不是真正有价值的高绩效领导。

对于面对面领导者而言，需要防患于未然，需要望闻问切，更多时候需要悉心观察，见微知著，通过一些细小的行为诊断潜在问题，及时进行干预和介入。

面对面领导者对下属绩效结果的监控，是通过对其外在行为的监控得以实现的。究竟哪些行为表现值得面对面领导者去特别关注，哪些行为表现反映出比较严重的潜在问题，哪些行为表现必须采取干预和介入？

我们把下属身上展现出的不符合面对面领导者预期的，可能导致更严重后果的行为表现，统称为下属展现出的低于绩效期望行为（见表2－10）。

表2－10　　　　低于绩效期望行为

定义	描述
负面示范	团队成员的个体行为对周围人会产生负面示范，引发群体效仿，如果不干预会迅速从个体行为变成群体行为
影响流程	团队成员从事协作操作流程的某个环节，其不恰当的工作方式如果不干预，可能导致整个工作流程产生整体性破坏和损害。流程可能是横向协作的，也可能是向下执行的
违反铁律	团队成员的做法公然违背领导者三令五申强调的核心纪律与政策，如果不干预会大大降低领导者个人在团队中的权威和核心政策的威信
绩效落差	团队成员的工作表现低于原先设定的KPI（关键绩效指标），如果不干预可能让其进入自我松懈不断下行的恶性循环
小事恶性	团队成员的行为虽然情节较轻并且后果不严重，但是性质恶劣，属于道德品质问题甚至法律问题，如果不干预容易纵容成大问题甚至酿成大祸

上述低于绩效期望行为的5类事项，都有一个明显的共同点，那就是存在“快速恶化”的可能和趋势。墨菲定律告诉我们，当一件事情有变坏的可能，它就一定会变坏，因此这5类事项又被称为“墨菲事项”。

领导者需要在日常管理中培养自己对“墨菲事项”的预见力和敏感度，一旦发现存在“墨菲事项”，必须有勇气介入，同时有勇气通过面谈进行干预。

IBM（国际商业机器公司）原董事长郭士纳的观点非常值得借鉴。他表示干预是一种责任，既是对下属负责，更是对领导者自己负责。干预是一种导向，下属不会做你希望的，他们只会做你干预的，凡是你不干预的他们自然认为那不重要。他更表示，干预是一种信任，越是相信谁，越要干预谁，干预能扫除领导者和下属之间的“盲区”，反而能提升相互的信任度。

二、低于绩效期望行为六步干预法

【案例】

某一次，我跟以前的同事Linda一起吃饭，她当时在一个跨国公司担任分公司总监，下属当中有一个经理最近压力很大，已经多次在公司大发雷霆，痛骂自己的下属甚至经销商，骂得公司的一些女孩子当众痛哭，还骂得经销商反目。

我们在饭桌上聊到这个问题，对这种行为是否应该处理，Linda稍微有点困惑。她提到在我们以前共事过的德国公司，就有一个很喜欢骂人的女经理，但是她的业绩是全公司最好的。也正因为有这个先例，所以她一直没有干涉自己下属的暴虐行为。

我对她说：“当时我们公司那位出色的女经理，她骂人之后是什么效果？是骂得人想做事呢，还是骂得人不想做事？”真是一语惊醒梦中人，Linda立刻悟到了一个关键的不同，不是骂人本身的问题，而是骂完之后的结果。她这位下属的失控已经对整个公司造成了伤害。

Linda当即给她的下属打电话，约她晚上在某酒吧见面。可能她打电话的语气让下属感觉到了什么，下属问她：“我可不可以叫某某一起来？”Linda回答：“不，就你一个人。”见面之后，Linda告诉下属为什么今天不让别人来。因为她希望她们两个单独谈。约在酒吧是因为希望能够有放松的气氛。要喝酒，是因为她希望她们彼此都能坦率，而非掩饰或者回避问题。

Linda 首先用客观中立的语气，把她看到的听到的关于这位经理责骂经销商和下属的事实开诚布公地说了出来。面对 Linda 所列举的详细而客观的细节，这位经理没有否认和辩解。

接下来她用诚恳的语气，分析了很多因为这位经理的不当行为而造成的不良影响，受损害的士气，伤了感情的经销商，团队的不和谐等。她清楚地给这位经理证明，她这样的做法已经危害到公司的利益，超过了公司的底线，并影响到她未来在公司的个人发展。在无可否认的事实面前，这位经理深受震撼。

接下来，Linda 希望听到这位经理对问题的解释，并询问是否有什么自己不了解的事实导致了这些行为。这位经理表示其实自己只是稍微压力大了一些而已，最主要的原因还是自己的坏习惯使然，她真的不知道自己的举动会造成这样严重的影响和后果。

Linda 推心置腹地告诉这位经理，其实在整个团队中，自己是非常看好对方的未来发展，不希望对方因为这个短板而影响自己的前途。Linda 和这位经理一起回顾了年初在制订本年度目标时，双方对这一年的期望与共识，并告诉对方她的行为可能会让结果偏离预期的轨道。

Linda 接下来和对方一起，花了大量的时间，拟订这位下属下一步的改善计划，包括她需要跟经销商一个一个地打电话致歉，并对自己的直接下属也要有一个表态，等等。Linda 要求对方对这些行动进行承诺，并建议对方提出做不到的惩罚措施。

在双方终于就问题认识和改进计划达成一致后，Linda 向这位下属表示感谢，并对对方知错就改，勇于承担错误的态度和行为表示欣赏和认可。

面对下属的行为，Linda 最初也像很多面对面领导者一样，犯了听之任之的习惯性错误。殊不知，很多看似微小的非原则性的行为，如果不加以及时干预，其潜在危险和破坏性会大到超乎想象。所以，对于面对面领导者而言，一定要注意“不以恶小而纵之”。

在提醒和启发之下，Linda 决定采取干预行动，不管是从过程还是结果来看，她的干预是非常富有技巧和卓有成效的。从选择一个私密的放松的场合开始，Linda 的干预行动清晰地展示了低于绩效期望行为六步干预法。

面对下属低于绩效期望的行为，面对面领导者需要通过面谈的方式及时进行干预和介入，这种方式在改善员工表现方面非常有效，但是面谈技能却正好是很多面对面领导者普遍薄弱、欠缺的技能。直接谈论他人的不良表现是对人很大的冲击，会导致难堪甚至怨恨。如果缺乏适当的技巧，面谈反而会破坏上下级之间的关系，并且让下属破罐子破摔。

很多面对面领导者由于缺乏面谈技巧，不得不选择回避问题，任由下属延续问题。明明看到下属做的事情令自己不满，管理者不免感觉沮丧和无力，却只能无可奈何地忍耐；当事情发展到十分恶劣的程度，无法处理时就辞人了事，结果变成典型的“虐杀”。子曰：“不教而诛谓之虐。”因此，面对面领导者必须学习和掌握恰当有效、以柔克刚的干预面谈的步骤和技巧，这是很多面对面领导者必须弥补的能力短板。

Linda 在案例中已经清晰地演示了针对下属的低于绩效期望行为六步干预法（见表 2－11）。

表 2－11　　　　低于绩效期望行为六步干预法

步骤	示例
步骤一：具体并明确地说明你所看到发生的情况	Linda 用客观事实列举了这位经理责骂下属和经销商的事实
步骤二：阐明你对所发生事件可能结果的判断和忧虑	Linda 站在公司角度分析了这位经理的做法产生的种种后果和影响
步骤三：邀请并倾听评论	Linda 主动询问对方的解释和评论，以便倾听是否有背后的原因
步骤四：如果必要，就其行为回顾一下你原先的期望	Linda 特别强调了自己对对方的认可，并回顾了年初双方达成一致的新一年工作目标
步骤五：要求对方就改进其行为做出承诺，并提供支持和资源，同时提出相应的惩戒	Linda 和下属一起讨论了改善计划和行动，并且要求对方做出承诺和自己设定做不到的惩罚
步骤六：承认并让对方知道你非常欣赏并感谢其承诺	Linda 对对方的态度和行为表示感谢和认可

读者可选择一个对下属低于绩效期望行为进行干预的个案，分析自己在每个步骤的表现，评估自己的薄弱环节和不良习惯，并制订改进计划（见表2－12）。

表2－12　　低于绩效期望行为六步干预法自我评估

步骤	评估事项
步骤一：具体并明确地说明你所看到发生的情况	您在阐述所看到听到事实时，是否保持客观中立，不带主观判断 您在阐述所见到听到事实时，是否具体、明确、清晰 您在阐述所见到听到事实时，是否能控制情绪、语气平和而不粗暴
步骤二：阐明你对所发生事件可能结果的判断和忧虑	您在表明对后果的分析和忧虑时，是否善于把问题的后果和影响扩大 您在表明对后果的分析和忧虑时，是否在讲道理的同时能摆出事实 您在表明对后果的分析和忧虑时，是否能既从给公司（组织）带来的负面影响，又从给对方本人带来的负面影响两个角度来阐述
步骤三：邀请并倾听评论	您在阐述事实及影响后，有没有倾听对方想法和背后原因的习惯 您在倾听时，是否进行了正面鼓励而不是负面打断和争辩 您在听到对方可能的借口时，是否会要求对方提供证据来证明
步骤四：如果必要，就其行为回顾一下你原先的期望	您是否会回顾之前和对方协商一致的目标 您是否会表达对对方更高的期望和期待 您是否会暗示对方的行为会对原先的期望产生多大的负面影响
步骤五：要求对方就改进其行为做出承诺，并提供支持和资源，同时提出相应的惩戒	您是否会和对方一起，共同寻找改进办法，制订行动计划 您是否会要求对方对行动计划进行承诺 您是否会要求对方自己提出做不到的惩罚措施 您是否会给对方的改进计划提供培训、信息和资源的支持

续　表

步骤	评估事项
步骤六：承认并让对方知道你非常欣赏并感谢其承诺	您是否会向对方表示感谢 您是否会表达对对方愿意改进的态度和行为的认可与欣赏 您是否会对对方执行改进计划进行鼓励和激励

【案例】

施总：“最近绩效考核的工作开展得很不好，很多部门的考核不能按时完成，考核结果也不能及时汇总，绩效分析做得也很马虎，这是你的责任吧?”（语气加重）

王瑞：“这又不是我一个人的责任，是各个部门的部长不严格执行制度，有制度不执行，故意拖延。我也催促过，但是效果不理想，我也拿他们没有办法。”

施总：“这个我知道，但我记得我和你说过，让你在每次考核的时候都要全程参与，并做好记录，形成书面报告，但是好几个月过去了，我一份报告也没看到。而且我听说，你每次参加其他部门的绩效面谈的时候都是坐一下就走，根本没有用心，就凭这一点，你这项 KPI 就得扣分!”（作发火状）

王瑞：“随你便吧!”（王瑞摔门走了出去）

施总自言自语：“难道我错了吗?”

在这个案例中，施总发现了王瑞近期的低于绩效期望的行为，因此决定采取干预，从这一点而言，他约王瑞面谈是恰当和正确的。但是，根据低于绩效期望行为六步干预法，施总的行为显然存在很大的问题，他不恰当的干预行为也直接导致了王瑞摔门而出。

首先，施总一开场就给王瑞的表现下了主观的结论，使双方马上处于对立面，营造了紧张和对抗的氛围。按照低于绩效期望行为六步干预法的原则，他在一开始应该缓和氛围，语气平和，只列出自己看到的事实和细节，让王瑞自己认识到错误，而不应一开局就给王瑞“判刑”。

施总的主观判断也直接导致了王瑞的辩解和不认可，而在接下来施总列举事实过程中，他也掺入了很多主观的评价和论断，诸如“根本没有用心”等，诱发了王瑞的愤怒。

他完全可以把自己所列的事实呈现出来，然后主动询问王瑞的解释和背后原因，这样既表达对对方的尊重，又可以更多地了解事实。而这种尊重也反而可能使王瑞主动承认自己的过失，而非采取推脱和回避的态度。这个案例让我们更深刻地理解了低于绩效期望行为六步干预法该如何有效开局，如何营造良好的氛围，并且给我们明确提示了几个重要原则，那就是：列举客观事实，不下主观结论，营造缓和氛围，主动询问原因。

第三章

从面对面领导力升级到间接领导力

【案例】

张无忌是一家跨国公司的基层销售主管，领导着一个6人的销售团队。他和这6位下属无论是工作关系还是私人关系都非常融洽。张无忌不仅自己在销售活动中身先士卒地做好榜样和表率，更花费了大量的时间对这6人进行技能辅导，经过多年的磨合，彼此之间建立了充分的信任。参加了公司组织的多次管理能力培训后，张无忌也特别注重对这些下属定期的激励，特别是情感上的交流和鼓舞。他每天都和这些下属就当天的工作计划、进展、问题等进行面对面沟通和建议，一发现问题马上改进。多年来，用张无忌的话来说，我瞄一下对方的脸就知道他在想什么了。

张无忌出色的业绩表现和团队管理能力得到了高层的认可，他被破格提拔为拥有30个销售人员的大区经理。张无忌不仅自信满满，更希望把自己过往的成功经验复制到新团队的管理上。虽然他的团队中也配置了带领各小组的主管，但他依然希望通过自己的超强能力把每个销售人员都培养成TOP SALES（顶尖销售）。于是他坚持为每个销售人员制订目标和安排任务，坚持每天和每个销售人员进行工作指导和情感交流，坚持细致关心每个销售人员的情绪并鼓舞其士气，坚持每天检查每个销售人员的业绩进展并提出建议。他希望自己超额的付出和努力，让这30个销售人员的表现和动态能牢牢把握在自己的掌控之中。

即使每天加班到深夜，张无忌都觉得时间不够用，原本精力充沛的他渐渐觉得疲惫不堪，他恨不得能分出几个自己来分担这超高强度的工作，他甚至预感到这样的局面持续下去自己迟早要崩溃，但他依然觉得自己和每个团队成员之间建立充分的信任和深厚的个人关系是至关重要的。

终于张无忌累倒了。当他在医院休养了一个星期返回工作岗位时，他发现整个团队秩序混乱、士气涣散，如一盘散沙。在他不在的几天里，几个主管在和下属成员进行工作安排和指导时居然因为意见不合产生了冲突和矛盾；部分销售人员因为客户归属的问题且缺乏他的现场裁决而当场骂街，严重影响了团队士气；原本围绕他而展开的团队内部沟通、交流、商议、协作等事项，一下子变得杂乱无章，让人不知所措；好几个销售人员在拜访客户过程中漏洞百出，甚至遭到客户投诉，因为之前他们在拜访前都会接受张无忌亲自访前指导和内部彩排演练……

面对这个自己苦心经营却如此令人失望的团队，曾经踌躇满志的张无忌仰天长叹："难道我错了吗"？

这一案例向我们提出了两个值得深思并需要细细咀嚼的问题，张无忌究竟是不是一个优秀的管理者或者领导者？为什么张无忌同样的领导方式应用在第一个6人团队和第二个30人团队上效果差异如此之大？

要回应和解答这两个问题，我们必须去关注一个特别的管理学术语，那就是管理幅度。所谓管理幅度，又称管理宽度，是指在一个组织或者团队中，管理人员所能直接管理或控制的部属数目。这个数目是有限的，超过这个限度时，管理的效率就会随之大大下降。

"出师未捷身先死，长使英雄泪满襟。"诸葛孔明一生事必躬亲，积劳成疾，卒于军中，终年54岁，虽业绩彪炳，却始终未能为蜀国培养出一些像样的人才，最后落得"蜀中无大将，廖化做先锋"，国家大业后继无人的结局。从这个意义上来看，孔明是个好的领导者吗？从现代的管理理论来看，作为一名领导者，如果不懂得管理幅度，还是沿用事必躬亲的管理方式，那非但自己会积劳成疾，团队也会管理得一团糟！

遥想当年，刘备三顾茅庐请孔明出山。不过，当时的西蜀还只是一个兵不强、马不壮，规模很小的团队，将领不过关羽、张飞、赵云而已。这个时候诸葛亮事事参与，每场战役都亲自策划、指挥、运筹，问题不大。但经过一番"市场"吞并重整，一些小诸侯被扫荡出局，西蜀的市场快速拓展，胜赤壁、得荆州、取西川、定汉中，"公司"规模越来越大，团队人数迅猛增长……

一方面是团队日益庞大，另一方面是孔明更加操劳，军中"二十罚已上皆自省览"，诸如任免一个县官这样的芝麻小事，孔明也要亲自处理。事无巨细、亲力亲为、日理万机、夙兴夜寐。

司马懿评价说："孔明食少事烦，其能久乎？"

诸葛亮的个人能力和才华可谓无人能及，但领导蜀国这样一个庞大而复杂的团队却仍然事事亲力亲为，显然违背了管理幅度的原则。

那接下来的问题是，直接管理的下属人数究竟多少才是最佳的管理幅度？英国剑桥大学的产业培训研究部在贝尔滨教授的领导下做了10年的团队研究，最后得出了结论（见表3-1）。

表 3－1　　最佳管理幅度

团队特征	管理幅度
对于不需要太多的讨论或内部协作流程简单的组织	10 人团队为管理幅度的最佳选择
对于需要处理复杂问题，内部沟通和协作流程复杂的组织	6 人团队为管理幅度的最佳选择

不论是张无忌所提倡的一对一个性化管理，还是诸葛亮所展现的事必躬亲式的细节化管理，他们的共性问题不仅在于缺乏对管理幅度的理解和认识，更在于团队人数大大超越了自己的管理幅度之后，其管理方法与领导方式没有对应地进行改变与升级。

如果领导者所管理的下属总人数从管理幅度之内跨越到管理幅度之外，那么原来行之有效的面对面的领导技能已经不能适应更大规模团队的管理，领导者必须进行角色转化和技能升级，从面对面领导者升级为间接领导者！（见图 3－1）

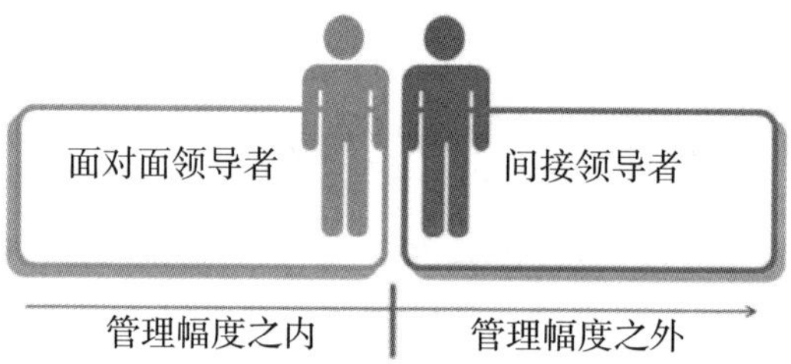

图 3－1　最佳管理幅度

再回到张无忌案例所引出的两大需要思考的问题，就不难得出如下结论：

第一，张无忌是一个杰出的面对面领导者，但不是一个优秀的可以管理更大团队的间接领导者。

第二，张无忌所擅长的面对面领导技能，非常适合小于或者等于其管理幅度的 6 人团队。而针对远超越其管理幅度的 30 人团队，他依然沿用面对面领导技能，没有进行角色转化和领导层次提升，这就是问题的症结所在！

面对面领导力的价值前提在于领导者所管辖下属的人数有限，因此可以有充分的时间和精力对每个团队成员进行细致、全面、深入的一对一个性化管理，具体可包括一对一的信任关系建立，一对一的工作分派和指导，一对一的技能辅导和习惯培养，一对一的绩效检查跟进和改进等。

而当领导者所管辖下属的人数众多，没有足够的时间和精力对每个团队成员实施精细化的一对一管理时，其领导行为则需要升级转变。除了对几个直属主管依然需要运用面对面领导力之外，更重要的是树立团队整体管理的大局观，变一对一的个体管理为一对多的群体管理。

间接领导者以团队整体绩效为领导目标，通过团队的愿景与价值观、团队的规则和流程、团队的归属感和凝聚力等团队整体能力的塑造来替代领导者与下属之间依靠直接互动才能产生效果的管理行为，因此我们称间接领导者在这一过程中展现的能力为间接领导力。

特别需要指出的是，当领导者从小团队的管理者升级为大团队的管理者，从基层主管提升为中层以上的管理者时，并非意味着面对面领导力就必须被间接领导力完全替换和取代。事实情况是，针对直接下属而言，面对面领导力依然重要，但已然不足以管理和驾驭规模更大的团队，而间接领导力则将发挥更大的主导性和关键性作用，对整个团队的绩效表现更具决定性意义。

第一节 基于间接领导力的团队“宏绩效”

一、间接领导力与团队“宏绩效”

面对面领导力和间接领导力同样追求和发展团队的绩效，但两者所适用的团队规模有所不同，所追求绩效的性质有所不同，所采用的领导方式有所不同，所关注的视角有所不同（见表3－2）。

表3－2 面对面领导力与间接领导力

	面对面领导力	间接领导力
领导对象	作为个体的下属	作为整体的团队
适用范畴	当团队的人数少于管理幅度时	当团队的人数超过管理幅度时
领导目标	个体的绩效成长最大化	团队整体的绩效成长最大化
领导行为	激励、辅导、授权等一对一的且与下属直接产生互动的领导行为	通过愿景、价值观、规则与规范、凝聚力等团队关键能力的建设来推动团队整体绩效提升，并间接影响和约束每位个体成员的领导行为
领导视角	关注个体的需求和问题	团队整体管理大局观
领导力来源	领导者与下属之间的直接互动行为	团队整体形成的思想、标准与行为规范对每个成员的指引和监督
领导成果	能力与忠诚度兼顾的下属	无为而治的高绩效团队

从表3－2中的对比不难发现，面对面领导力焦点在于团队成员的个体成长，而间接领导力注重发展的则是团队整体绩效的最大化。这不仅是领导力层次的升级，也是绩效视角的转移。

【案例】

由于张无忌已经超负荷工作，仍感觉无法扭转团队混乱低绩效的局面，因此向公司请辞。而公司内部其他经理主管，看到连实战经验丰富、以“拼命三郎”著称的张无忌都悲惨收场，于是纷纷婉拒了公司推荐任用的好意。

无可奈何之下，公司决定大胆对外招聘，选拔出色的“空降兵”来带好这个被称为“烫手山芋”的团队。让人大跌眼镜的是，最终入围并被录用的，是来自一家知名咨询公司专门负责销售绩效诊断顾问的杨康。于是大家纷纷对公司的这一决定深感不解，并坚定地认为杨康这个不了解和熟悉本行业的“外行”，必将在半年内败走麦城。

杨康入职后的前两个月，并没有任何的新官上任三把火，而是进行了大量的员工访谈与交流沟通。除了在工作场合正式的工作面谈外，他还隔三岔五地邀请一些经常发牢骚的老销售一起吃饭、唱歌、谈心。同时，杨康也挑选了部分代表性的销售人员，和他们一起去拜访客户，在拜访中他完全是以助手的身份多听多记，很少发言。

杨康入职满 60 日这一天，一份有关这一团队现状问题及背后原因分析的诊断报告提交给了公司高层，并且报告中更是列出了几个关键性的改进计划，而这份报告得到了公司高层的肯定和支持。

于是杨康在入职后第三个月起，公司启动了他所建议和策划的三大活动。首先是“价值观共享”活动。杨康充分运用会议、培训、读书、电影、座谈会等多种方式，结合公司的远景和战略，为团队设计了使命、价值观和中短期目标，并通过反复的宣导，初步和团队成员们建立共识。他代表团队和每个成员签订了《团队与个人共同发展契约》，在协议中明确列出了每个成员中短期的发展目标，以及这些目标如何通过团队整体目标的完成而得以实现。

其次是“标准化”活动。杨康对每个成员的工作说明书进行了细致的规范，并配合以几大关键的工作流程，特别是几位主管的权力和职责得到了强化，原本张无忌做的很多事情现在都授权给这些主管来完成。这些规范和流程不仅在书面上得到明确的体现，而且杨康还邀请几位职业的培训师到团队中进行针对性指导和实景演练，确保绝大多数问题即使他不在的情况时，在流程和标准的规范下也能得到快速有效的解决。并且，公司市场总监亲自前来传达公司的意见，表明杨康的行动得到公司 100% 支持。

最后是“我的团队我的家”活动。杨康不仅向公司申请了费用到旅游景点举办了三天的户外团队精神拓展，更推行了一个每周一次的名为“无领导畅谈”的茶话会，让同事们敞开心扉，谈谈生活，谈谈家庭，谈谈未来，增进相互理解与信任。更让这些相互交流较少的销售人员喜爱的是杨康建议并得到认可的周末“定期串门”，同事之间相互串门拜访，让他们之间的私人关系、信任度和凝聚力得到大大的增强！

在之后的半年里，杨康进一步强化推行这三大活动，并不断修正与改进。令人意想不到的是，团队的士气、热情、成员关系、工作效率、目标感、业绩表现等指标得到了大幅度提升。更让杨康自豪的是，公司奖励他外出旅游一周，在旅游期间，他居然没有接到一个要求他救火的电话。

对比杨康和张无忌，不难发现，两者都非常重视提升团队的业绩表现，也都通过各自的理解，用不同的手段、不同的方式来实践自己的想法。这意味着面对人数达到一定规模的团队，同样的努力，他们思维中两种不同的绩效观在起着幕后推手的作用，而两者的结局大不相同。对比探究可以发现，张无忌采用的主要是和下属面对面的、一对一的、以团队成员个体绩效为目标的绩效提升行为。这就好比一个管理园林的园丁，他会细致关心每棵树的成长，希望给每棵树最好的营养、最好的土壤、最好的生长环境。我们把这种以“微观个体”为中心的绩效观念称为“微绩效”。

杨康没有实施太多的一对一的领导行为，而是通过分析诊断整个团队的全局性问题，设计和策划了以团队这个群体为目标的业绩改善行动。仍以管理园林的园丁为例，当园林大到他已无暇细致照顾每棵树时，他就得把眼光和精力转移到园林整体的布局、不同区域花草树木的搭配、珍稀树种和普通树种的分类养护等任务上，以求园林整体上美观和谐的最大化，我们把这种以“宏观整体”为中心的绩效观念称为“宏绩效”。随着所管辖团队规模的扩大以及在组织中职位的提升，领导者需要从面对面领导力升级为间接领导力。而与此对应，领导者对绩效的关注也必须从“微绩效”升级为“宏绩效”。这两类绩效如图 3 – 2 所示。

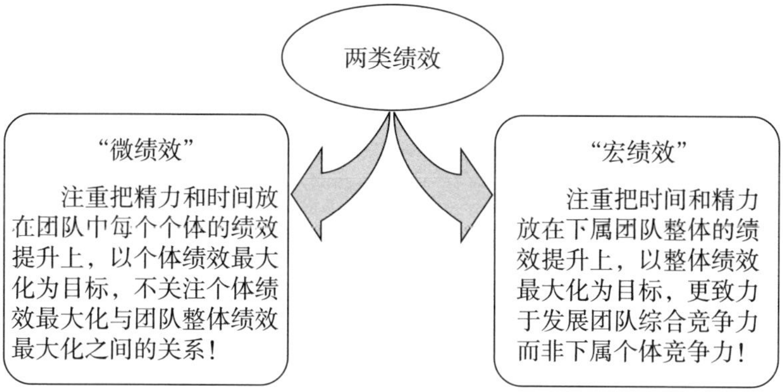

图 3 –2　两类绩效

二、团队的"宏绩效"模型

团队的规模越大，以"宏绩效"的视角来审视和把控影响团队整体绩效的关键环节越显得重要。如果说小团队领导的成功源自对个体的细节化管理的话，那么，大团队领导的成功一定来自对影响全局的关键支点的掌控和驾驭。以下的模型（见图 3 –3）为我们勾勒出影响一个团队绩效表现的三个关键支点，这三个支点分别是：

第一，为什么（Why)，即每个成员必须共享团队之所以存在的愿景、目标和价值观等。

第二，是什么（What)，即团队内部的组织结构、权责分配、运作流程必须清晰明确，人人遵守执行。

第三，怎么样（How)，即团队成员间是如何为团队目标而有效沟通、相互信任、多方协作、共同成长的。

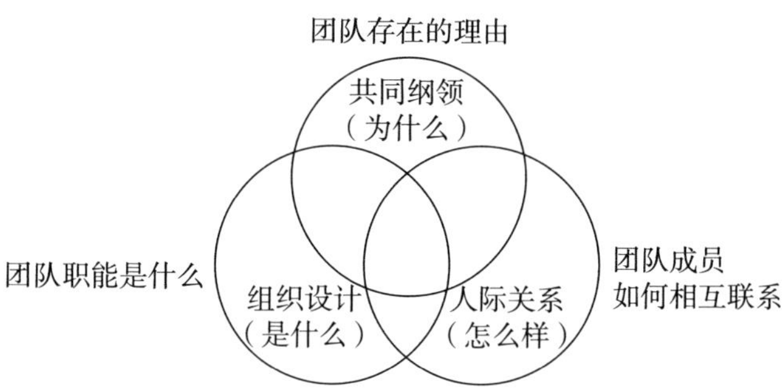

图 3 –3　"宏绩效"模型

我们把这个模型定义为团队的“宏绩效”模型，从这一模型中不难发现，作为团队领导者，特别是领导大团队的间接领导者，必须牢牢把握住团队的共同纲领、组织设计以及人际关系三点，而这三点恰恰是托起整个团队整体绩效的三个关键支点，这三个关键支点形成了一个稳固的铁三角，确保了团队整体绩效的稳定与可持续。

接下来，我们用 6 个 P 以及 3 个 C 来解释共同纲领、组织设计和人际关系的具体内涵（见表 3 – 3）。

表 3 – 3　　团队“宏绩效”的 6P 与 3C

	描述	目标
共同纲领	• Purpose（团队的愿景、价值观和目标） • Planning（团队的战略、规划、计划）	• Commitment（获得团队每个成员的信仰与承诺）
组织设计	• Power（团队的组织结构、职权分工、职位说明） • Process（团队的工作流程、行为规范、绩效标准）	• Compliance（获得团队每个成员的遵守与服从）
人际关系	• People（团队的人际关系、人文环境、归属感） • Place（团队成员间沟通、协作、信任的通道）	• Cooperation（实现团队成员之间的共赢与合作）

1. 愿景、价值观和目标（Purpose）

一个优秀领导者应该对自己所带领的团队的未来有一个愿景，需要学会将心中对于未来发展的愿景告诉那些希望与你共事的人，越具体越吸引人，越形象效果越好。当团队每个成员的大脑中都能和领导者共享这幅未来愿景时，他们才会感觉到他们与团队的未来休戚与共，他们才会产生发自内心的驱动力和责任感，这就是共同愿景的力量！

优秀的领导者一定也会设计和传递与愿景配套的价值观（Value），这一价值观就是能把团队成员号召在一起为愿景坚持不懈努力的精神动力和行动纲领。例如西点军校植入每个西点毕业生血液的价值观就是闻名世界的“责任、荣誉、国家”！

优秀的领导者更会把愿景转化成具体的中远期目标，为团队成员导航，知道要向何处去，没有目标这个团队就没有存在的价值。团队的目标不仅和团队的愿景一致，更需要通过目标的分解和每个团队成员自身的成长捆绑在一起，让大家在合力实现共同的团队目标的同时也完成了自我目标的实现。同时，目标还特别需要有效持续地深度传播，让团队内外的成员都牢记这些目标，更可以把目标视觉化、图像化，贴在团队成员的办公桌上、会议室里、走廊里，以此激励所有的人为这个目标去工作。

2. 战略、规划、计划（Planning）

团队目标的完成需要具体的方向、路径和方案，我们称之为战略，这是领导者必须为团队制定的，而战略进一步的细化，则成为规划和计划。

优秀的领导者在设计和规划团队的战略与计划时，一定会做以下两件事。

让团队成员参与战略与计划的设计，参与的过程是交换想法、达成共识的过程，这个参与的过程要比结果更有意义和价值。对团队成员而言，自己参与过的计划，更会全力去遵守，力争去实现。

把整体计划分解到每个人，并通过配套的奖惩和激励来获得个人对计划的承诺和执行。

领导者需要特别关注共同纲领中的两个 P，即 Purpose 和 Planning，因为这是不少团队缺乏绩效的主要根源。通过传递团队的愿景、价值观和目标，以及和团队成员一起规划战略与行动计划，领导者的最终目的是获得每个成员的 Commitment，即发自内心的信仰与承诺！

3. 组织结构、职权分工、职位说明（Power）

判断团队高效与否，执行力强与弱，一个重要的标志便是团队的权责划分是否明确，职责定义是否清晰，团队的组织结构设计是否合理。团队的成员就好比一块又一块散乱的积木，领导者需要以团队的愿景和目标为方向，以团队的整体绩效为基准，把这些积木拼成完整图形。整个团队的层级划分、权限划分、岗位划分等，都是领导者需要慎重考虑和不断改善的。

并且，每个成员应该清晰地知道自己该做些什么，该和哪些人配合，该向谁汇报，该定期接受哪些检查，自己被考核的标准是什么。

很多公司固然给每个员工设计了书面的细致具体的岗位说明书，但通常会犯两个错误。错误之一是岗位说明书空泛，缺乏可操作性和执行性；错误之二是岗位说明书形如虚设，仅停留在纸上，根本不在员工的大脑中。

4. 工作流程、行为规范、绩效标准（Process）

团队成员即使明确了自己的工作职责，并非意味着他有能力在具体行动上把这些职责履行好，另一个需要领导者特别关注的普遍问题就是很多下属知道做什么，但不知道怎么做；还有更多的下属即使知道怎么做，却不知道怎么才能做到最好。

对任何一个成熟的、高绩效的团队，为每个成员的工作过程提供参考和指引的都不是领导者呕心沥血、不辞辛劳的辅导和检查，而是领导者为他们设置的，确保不偏离预定轨道的路线图，而这种路线图就是目前很多优秀的企业在推行的标准操作流程，英文简称 S. E. P.（Standard Execution Procedure）。任何关键的岗位都可以通过结果导向的过程分析寻找和设计出几个标准操作流程，它们将为团队成员提供 GPS（全球定位系统）般的行动指南。

领导者也需要重点关注组织设计中的两个 P，即 Power 和 Process，这两个 P 是团队绩效的重要保障。通过职权明确，分工清晰的组织结构设计，以及操作性和指导性极强的工作流程指引，领导者的最终目的是获得每个成员的 Compliance，即对团队次序和标准的遵守与服从！

5. 人际关系、人文环境、归属感（People）

领导者需要深刻地理解，工作团队的存在虽然主要是为组织目标服务，但一个优秀的有战斗力的工作团队，必定更像一个关系融洽、友善温馨、归属感极强的家。领导者不应该因为过分注重工作目标的达成而忽视团队成员之间的相互关系和情感需求，而应该通过团队归属感和凝聚力的建设，把整个团队打造成一块吸附力极强的磁铁，这块磁铁令团队成员拥有极强的忠诚度，其所营造出来的人文环境使得成员之间和谐共处，相互吸引，产生极强的融合性。

6. 沟通、协作、信任的通道（Place）

领导者必须确保团队上下级之间以及平级之间的沟通有效而畅通，并且必须确保团队成员之间协作配合的障碍被扫除、通道被打开。领导者必须明白团队成员之间的沟通与协作如果产生混乱和鸿沟，就会产生大量的内耗成本来降低团队的绩效水平。团队的沟通、协作与信任通道就如人体的动脉血管，如果被堵塞和扭曲，那输送新鲜血液（绩效）的能力将大幅度减弱。因此，领导者需要定期对团队进行体检，以确保绩效输送能力不会因为沟通、协作、信任通道的问题而受到影响。

【链接】

读者可以运用表3－4，评估一下你的团队在以下方面做得怎样。把答案写在每个描述前的横线上。

表3－4　团队的"宏绩效"自我评估

1	2	3	4	5
从未	一点	有些	较多	很多

共同纲领

——我的团队理解客户及其需求。
——我们对任务有共同的理解。
——每个人都理解公司整体战略。
——大家都知道自己对公司战略的影响。
——深刻理解我们的价值观。
——我们履行自己的价值观并坚持其他人也一样做。
——我们的目标十分明确。
——我们有跟踪自己表现的好习惯。

组织设计

——团队成员理解我们的核心工作流程。
——我们已经精简了工作流程，使之尽量高效。
——团队成员的角色与职责被明确定义。
——大家不仅理解其自身工作，更理解工作岗位之间的相互联系。
——我们都擅长做好本职工作。
——清晰的工作程序将帮助我们协调一致。
——决策权限清晰。
——我们的系统协调一致，最大限度支持我们的工作。

相互关系

——团队成员关心其工作并努力工作。

——存在积极友好的工作氛围。

——我们相互合作。

——信任和尊重程度很高。

——团队成员倾听他人意见并自由地表述其观点。

——我们处理冲突并达成双赢的解决方案。

——人事政策和程序是公平的。

第二节　间接领导者的三大关键角色

【案例】

杨康所在公司在年中的时候，把十多位大区经理召集在一起，安排在风景秀丽的度假胜地，举行了一个旨在提升其领导力和改变其领导思维的管理者沙龙。

在一个布置温馨，充满着轻松节奏的音乐和清新花香空气的房间里，大家就管理专家陈博士提出的一个问题展开了气氛热烈、各抒己见的讨论。陈博士的问题很简单：您认为您在团队中应该扮演怎样的角色？

岳非群："我作为大区经理的影响力，主要来自我是销售方面的专家和销售冠军。很多下属遇到的难题，解决不了的客户，只要我出马，没有办不成的事情。所以我认为，能解决下属不能解决的问题，对做好一个大区经理来讲非常关键。"

洪七："大区经理主要还是公司的中层，而公司中层的关键角色就是维护稳定，保证一切按部就班，不出乱子，我觉得这是领导们最希望看到的！"

林平芝："大区经理更应给团队成员指引方向，让他们看到希望，并规划行动路线，这才是'带队'两个字的核心含义。"

杨康则："如果只有一个选项的话，本人会选择承担标准化规范设计者的角色。目前很多的团队管理问题在于用人治代替法治，没有规矩，不成方圆！"

郭劲："大区经理需要是一个好家长，让所有的成员对这个家产生依恋感，彼此信任，其乐融融。"

面对从各自角度阐述的观点，陈博士给予了积极的肯定，并且补充道："你们五位的观点，恰好代表了管理者经常扮演的五种不同角色，分别是技术专家、经理人、开拓者、建筑师和团队教练。"

一、领导者的五大角色模型

正如案例中陈博士所言，不同领导者所展示的各不相同的行为方式，恰好是其对自身领导角色认知的外在展现。而领导者各式各样，大相径庭的行为方式，几乎全部都可以被归结成领导者的五大角色中的某一类，领导者的五大角色模型如表3－5所示。

表3－5　　　　领导者的五大角色模型

领导者的角色类型	领导角色描述
技术专家	• 总体上比较喜欢并擅长做核心的专业工作，可能在解决难题、处理问题或者应对危机方面花很多时间，愿意下属和别人把自己看成行业专家
经理人	• 控制工作的进程与结果。规划、组织并指导他人完成任务。维护纪律与秩序，希望保持现状而不是寻求变化
开拓者	• 能看到组织外部的大环境，并预测发展趋势与变化。为组织的发展方向建立愿景、价值观和战略规划，并且传递给每个团队成员共享
建筑师	• 关注团队的组织结构和流程设计，看到各个部分之间的关系并努力改进系统、流程、方法和结构以从长远角度维持与促进组织发展
团队教练	• 深刻理解团队中每个人及人与人之间的相互作用，善于促进团队中的沟通、协作和信任，着力建设团队的归属感和凝聚力

而对照团队“宏绩效”模型的三个关键支点，不难发现，领导者角色类型中有三个角色与这三个关键支点恰好是一一对应的关系，即领导角色中的开拓者对应的正是团队“宏绩效”中的共同纲领，领导角色中的建筑师对应的正是团队“宏绩效”中的组织设计，而领导角色中的团队教练对应的正是团队“宏绩效”中的人际关系。而开拓者、建筑师和团队教练，被称为间接领导者的三大关键角色。

在天文学上，黑洞是一种引力极强的天体，就连光也不能逃脱。说它“黑”，是指它就像宇宙中的无底洞，任何物质一旦掉进去，似乎就再不能逃出。由于黑洞中的光无法逃逸，所以我们无法直接观测到黑洞，因此黑洞可引申为容易被忽视的，但客观存在的“能量漏洞”。

如果把团队比喻成星系的话，把团队绩效比喻成能量的话，那团队中一定存在着容易被领导者们忽视的黑洞。特别对于那些注重细节管理和个体管理的领导者来讲，即使不辞辛劳，呕心沥血，但因为缺乏团队管理的大局观，无法识别把团队能量吸走的黑洞，会在团队绩效大幅度下降时不知所措。

天文学上的黑洞，可以通过测量它对周围天体的作用和影响来间接观测或推测到它的存在。而吞噬团队“宏绩效”的黑洞，经过大量实例的研究，可以从三个角度去分析和诊断，分别是“方向黑洞”“标准黑洞”和“关系黑洞”（见图3－4、表3－6）。

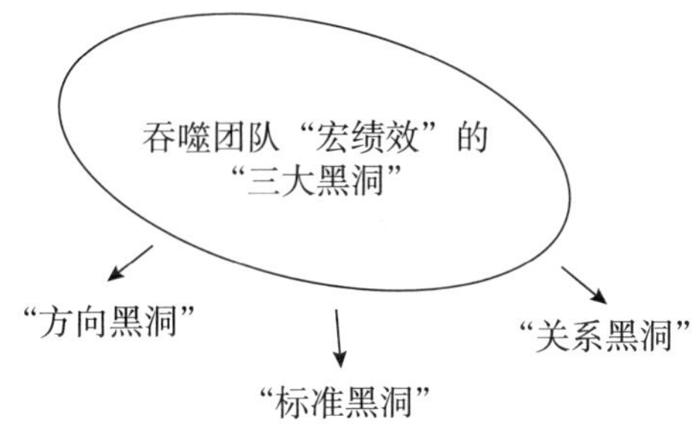

图3－4　吞噬团队“宏绩效”的“三大黑洞”

表3－6　吞噬团队“宏绩效”的“三大黑洞”

黑洞类型	黑洞特征	对应的“宏绩效”支点	对应的领导角色
“方向黑洞”	• 由于团队缺乏能指引所有成员协同一致的明确方向（愿景、战略、计划），导致团队成员不能产生内在驱动力和行动协同力，造成团队绩效的降低和流失	• “方向黑洞”的产生主要是因为“宏绩效”中共同纲领的缺失	• 开拓者角色的使命是堵住吞噬团队绩效的“方向黑洞”
“标准黑洞”	• 由于团队未能为每个成员的权责分工，行动步骤和表现评价确定明确细致的标准，导致团队成员在执行过程中不同程度地偏离了期望的最佳轨道，造成团队绩效的降低和流失	• “标准黑洞”的产生主要是因为“宏绩效”中组织设计的缺失	• 建筑师角色的使命是堵住吞噬团队绩效的“标准黑洞”

续 表

黑洞类型	黑洞特征	对应的“宏绩效”支点	对应的领导角色
“关系黑洞”	• 由于团队成员之间缺乏信任感、凝聚力和归属感，导致团队内部存在大量因混乱、冲突和沟通不畅引发的“内耗”，造成团队绩效的降低和流失	• “关系黑洞”的产生主要是因为“宏绩效”中人际关系的缺失	• 团队教练角色的使命是堵住吞噬团队绩效的“关系黑洞”

【链接】

表3－7为间接领导者三大关键角色的技能清单，读者可据此培养自己的技能。

表3－7　　间接领导者三大关键角色的技能清单

角色类型	技能清单
开拓者	• 环境分析及趋势预测能力 • 前瞻性思考 • 图景式想象力 • 愿景归纳能力 • 愿景视觉呈现能力 • 愿景灌输宣导能力 • 价值观提炼能力 • 价值观形象化能力 • 价值观植入能力 • 团队目标设定与分解能力 • 战略规划与设计能力 • 战略步骤分解与计划制订能力 • 目标、战略与计划的自下而上的参与推动能力 • 目标、战略与计划的自上而下的执行推动能力

续 表

角色类型	技能清单
建筑师	• 纵向的组织层级划分能力 • 横向的职位分工划分能力 • 团队中权限配置能力 • 团队中各职位的工作说明设计能力 • 团队中各职位的工作说明导入能力 • 团队中各职位的工作流程设计能力 • 团队中各职位工作流程中主要节点的标准化能力 • 团队中各职位工作流程配套的考评机制设计能力 • 团队中各职位工作流程配套的奖惩机制设计能力 • 团队中各职位最低绩效期望标准的明确能力 • 团队中为确保流程与规范的执行而预备的应急情况处理能力
团队教练	• 团队精神的塑造能力 • 团队文化活动的策划与组织能力 • 团队人际关系准则的设计与宣导能力 • 团队工作以外社交活动的组织规划能力 • 团队主要沟通渠道的掌控与利用能力 • 团队小道消息渠道的运用能力 • 团队成员情绪与士气的监测能力 • 团队成员心理辅导能力 • 团队冲突的预防与解决机制设计能力 • 团队成员间双赢思维的塑造能力

二、领导者的五大角色自我评估工具

表3－8（A）中有70个问题，请认真阅读每个问题并选择能体现你行为的程度描述。使用5分制评分表，请在符合你选择的数字上画圈。注意：此调查的有效性是建立在真实客观回答问题的基础上。其中“1”代表“很少”；“2”代表“偶尔”；“3”代表“有时”；“4”代表“经常”；“5”代表“通常”。

表3-8（A） 领导者的五大角色自我评估问卷

1	2	3	4	5	1.	做核心的技术工作与业务专业工作（在管理工作以外）?
1	2	3	4	5	2.	对工作该如何做进行规划和组织?
1	2	3	4	5	3.	就发展趋势及变化等对组织面临的环境进行分析?
1	2	3	4	5	4.	对惯例及程序进行规范化、标准化?
1	2	3	4	5	5.	为部门及团队绩效及行为设置明确的标准?
1	2	3	4	5	6.	对自己对他人的影响有清楚的认识?
1	2	3	4	5	7.	在整个组织中扮演团队协作者的角色?
1	2	3	4	5	8.	展现出一流的技能与业务专业水平?
1	2	3	4	5	9.	为完成工作而配置资源（设备、人员、资金）?
1	2	3	4	5	10.	明晰传达将来希望实现的愿景?
1	2	3	4	5	11.	为愿景与战略落实配置合适的机制（信息共享机制、奖励机制等）?
1	2	3	4	5	12.	鼓励大家参与决策与解决问题?
1	2	3	4	5	13.	就自身的优点与缺点寻求并接受他人的反馈?
1	2	3	4	5	14.	对所有人都保持尊敬的态度?
1	2	3	4	5	15.	就技术与专业问题扮演专家角色?
1	2	3	4	5	16.	为计划落实设定短期目标与优先级?
1	2	3	4	5	17.	以激励与启迪他人的方式与别人分享愿景?
1	2	3	4	5	18.	分析并改进工作流程及方式?
1	2	3	4	5	19.	为他人与下属成功提供信息及知识支持?
1	2	3	4	5	20.	寻找机会进一步提升自身知识与技能?
1	2	3	4	5	21.	在与他人沟通时保持诚信?
1	2	3	4	5	22.	用有效的分析工具诊断问题?
1	2	3	4	5	23.	经常衡量并跟踪他人的绩效?
1	2	3	4	5	24.	把组织愿景转变为清晰的业务目标?
1	2	3	4	5	25.	寻找途径评估与诊断无价值回报的工作项目与工作环节?
1	2	3	4	5	26.	评估员工能力并确保大家为提高技能接受了足够培训?
1	2	3	4	5	27.	主动采取行动而不是被动地接受他人指导?

续　表

1	2	3	4	5	28.	与他人建立积极和谐关系？
1	2	3	4	5	29.	喜欢处理冲突与解决问题？
1	2	3	4	5	30.	完成必需的报告与文字工作？
1	2	3	4	5	31.	为实现业务目标建立行动计划？
1	2	3	4	5	32.	以其他组织为参照，寻找做事的更好方式？
1	2	3	4	5	33.	确保大家拥有成功所必需的资源与支持？
1	2	3	4	5	34.	为按时完成工作承担责任？
1	2	3	4	5	35.	认真倾听他人并汲取其观点？
1	2	3	4	5	36.	努力发掘问题的根源？
1	2	3	4	5	37.	向他人传达清晰的做事标准与期望？
1	2	3	4	5	38.	挑战陈规旧制，欢迎变化？
1	2	3	4	5	39.	强化不断提升自我的积极态度？
1	2	3	4	5	40.	给他人持续不断的绩效与表现反馈？
1	2	3	4	5	41.	在做错事时，不责备他人，不找借口？
1	2	3	4	5	42.	平等、公平地对待他人？
1	2	3	4	5	43.	在采取行动前，寻找并评估一系列解决方案？
1	2	3	4	5	44.	召开经常性的并极富成效的会议？
1	2	3	4	5	45.	和别人沟通推动变化和采取变革的原因？
1	2	3	4	5	46.	帮助建立与传达组织与部门的价值观？
1	2	3	4	5	47.	扮演教练与良师益友的角色？
1	2	3	4	5	48.	高效地管理时间？
1	2	3	4	5	49.	激励他人并在困难时培养他人的热情？
1	2	3	4	5	50.	采取行动解决技术与业务问题？
1	2	3	4	5	51.	让他人对其自身的绩效负责？
1	2	3	4	5	52.	专注于大局？
1	2	3	4	5	53.	寻找做事的更佳方式？
1	2	3	4	5	54.	对他人进行绩效评估并帮助他人建立发展计划？
1	2	3	4	5	55.	为组织的价值观做表率与榜样？

续 表

1	2	3	4	5	56.	以公开直接的方式解决冲突与问题?
1	2	3	4	5	57.	在信息充分的前提下做决策?
1	2	3	4	5	58.	维护纪律与秩序?
1	2	3	4	5	59.	鼓励冒险与创新?
1	2	3	4	5	60.	挑战不符合组织价值观与经营哲学的政策与惯例?
1	2	3	4	5	61.	对好的表现进行认可与奖励?
1	2	3	4	5	62.	兑现你承诺做的事?
1	2	3	4	5	63.	关注团队的氛围与人际关系?
1	2	3	4	5	64.	喜欢修理（设备、机器、工具)?
1	2	3	4	5	65.	关注细节?
1	2	3	4	5	66.	扫除阻碍他人高效率的障碍?
1	2	3	4	5	67.	为组织与团队把脉?
1	2	3	4	5	68.	训练与提升他人而不是告知与指挥?
1	2	3	4	5	69.	在冲突与危机出现时能进行自我控制?
1	2	3	4	5	70.	达成双赢的解决方案?

为了对调查进行评分，请把选择的数字填写到表 3 –8（B）中。你会发现你的选择与七个主要类别相对应。通过把每类别的分数累计并除以 10，就能得出每个类别的平均分。

表 3 –8（B） 调查评分

	技术专家	经理人	开拓者	建筑师	团队教练	自我管理	人际关系
	1	2	3	4	5	6	7
	8	9	10	11	12	13	14
	15	16	17	18	19	20	21
	22	23	24	25	26	27	28
	29	30	31	32	33	34	35
	36	37	38	39	40	41	42
	43	44	45	46	47	48	49

续　表

	技术专家	经理人	开拓者	建筑师	团队教练	自我管理	人际关系
	50	51	52	53	54	55	56
	57	58	59	60	61	62	63
	64	65	66	67	68	69	70
总计							
平均							

把以上得出的分数划分在表3－8（C）中。

表3－8（C）　　评分分类

5.0							
4.5							
4.0							
3.0							
2.5							
2.0							
1.5							
1.0							
0.5							
	技术专家	经理人	开拓者	建筑师	团队教练	自我管理	人际关系

表3－8（D）为角色对应的问题，可供您参考。

表3－8（D）　　评估项目

技术专家	问题：1、8、15、22、29、36、43、50、57、64
经理人	问题：2、9、16、23、30、37、44、51、58、65
开拓者	问题：3、10、17、24、31、38、45、52、59、66
建筑师	问题：4、11、18、25、32、39、46、53、60、67
团队教练	问题：5、12、19、26、33、40、47、54、61、68
自我管理	问题：6、13、20、27、34、41、48、55、62、69
人际关系	问题：7、14、21、28、35、42、49、56、63、70

在经过领导者角色分析后，回顾你得到的分析结果，请回答表3－9中的问题。

表 3－9　领导者的五大角色自我分析与改进

领导者角色评估的结果和你对自我角色的认知一致吗？如果不一致，是否有可能源自您对自我的角色认知和你实际扮演的角色之间存在偏差	
你得分最高的项目是？您觉得这一项目对您所在团队的管理重要吗	
你得分最低的项目是？您觉得这一项目对您所在团队的管理重要吗	
你觉得自己的团队，存在哪个最主要的绩效漏洞？这个绩效漏洞最需要怎样的领导角色？和你得到的评估结果中最高分的领导角色类别一致吗	
如果你是个大型团队的领导者，而你的主要领导角色类型是经理人或者专家，您觉得在团队领导中可能会出现怎样的局面和问题	
这个领导者角色评估结果能给你怎样的启示？你在得到评估结果后会有怎样的思考和行动	

使用表 3－10，来定义能够提升你领导能力的具体目标与行动。从自我评估的结果，确认三个你希望实现的目标。

表 3－10　领导者的五大角色改进计划

<table>
<tr><td colspan="3">改进目标一</td></tr>
<tr><td>目标</td><td>实现目标的行动</td><td>时间期限</td></tr>
<tr><td></td><td></td><td></td></tr>
</table>

可能的障碍	解决方案

续　表

<table>
<tr><td colspan="4">改进目标二</td></tr>
<tr><td>目标</td><td colspan="2">实现目标的行动</td><td>时间期限</td></tr>
<tr><td></td><td colspan="2"></td><td></td></tr>
<tr><td colspan="2">可能的障碍</td><td colspan="2">解决方案</td></tr>
<tr><td colspan="2"></td><td colspan="2"></td></tr>
<tr><td colspan="4">改进目标三</td></tr>
<tr><td>目标</td><td colspan="2">实现目标的行动</td><td>时间期限</td></tr>
<tr><td></td><td colspan="2"></td><td></td></tr>
<tr><td colspan="2">可能的障碍</td><td colspan="2">解决方案</td></tr>
<tr><td colspan="2"></td><td colspan="2"></td></tr>
</table>

第四章

驱动团队“宏绩效”的三大指标

【案例】

林云作为一家上市公司事业部的总监，管理着遍布全国20多个城市的分公司和办事处。面对这个超过500人的大团队，林云渐渐觉得绩效表现越来越差，并且他觉得自己对团队的管理有些力不从心。

林云也努力寻找自己在团队管理中的问题和短板，以及接下来该从哪些方面着手进行改革和改进。苦恼之下，他回到大学找到了他的老师，全国知名的管理专家诸葛先生。

诸葛先生仔细聆听了林云的倾诉，随后问了林云一个问题："你知道大团队的管理和小团队的管理最大的差别在哪里吗？"

林云一脸迷惑："应该大同小异吧！"

诸葛先生说："差别很大，小团队管理靠抓细节，大团队管理靠抓关键指标，我觉得你有必要审视一下你所在团队绩效表现的关键指标。"

林云有些迫不及待地问："诸葛老师，那您能帮我总结一下有哪几个关键指标吗？"

诸葛先生问："你的团队成员都和公司签了劳动合同了对吗？"林云说："那当然！"

诸葛先生接着说："那你的团队成员和以你为代表的团队或者组织之间，存在心理契约吗？劳动合同是写在纸上的，而心理契约是写在员工心里的，心理契约代表着员工对组织的承诺、期望和忠诚，会产生强大的向心力和自我激励，让员工保持持续的工作热情，这并非劳动合同和外在的奖励能比拟的。"

林云默然不语。

诸葛先生又说："那你的团队成员，特别是关键岗位的人员，在你不在的时候，在没有你指导的时候，能清晰地明白团队对他们的绩效期望、清晰地理解主要工作流程的步骤与标准吗？我们称之为绩效路标，路标是指引员工走正确道路的指示牌。"

林云若有所思。

诸葛先生又说："我听你说你招聘的人员，都非常出色，每个进入你团队的，都经过了精挑细选。那么这些精兵强将，到了你的团队中，相互的关系融洽吗？合作愉快吗？配合得好吗？存在内耗吗？真正做到了‘1+1>2’了吗？作为团队领导者，一定要让内耗降低到最小，让内部沟通协作的效率提升到最高，这就是我所强调的人际合商，团队成员之间合作商数的高低是一个重要的绩效衡量指标。”

林云连声道谢：“老师，您刚才总结的心理契约、绩效路标和人际合商三个指标，让我豁然开朗，我知道回去该怎么做了！”

诸葛先生作为管理专家，一语点出了“大团队管理要靠抓关键指标”，并总结了驱动团队“宏绩效”的三大指标，即心理契约、绩效路标和人际合商（见图4－1）。

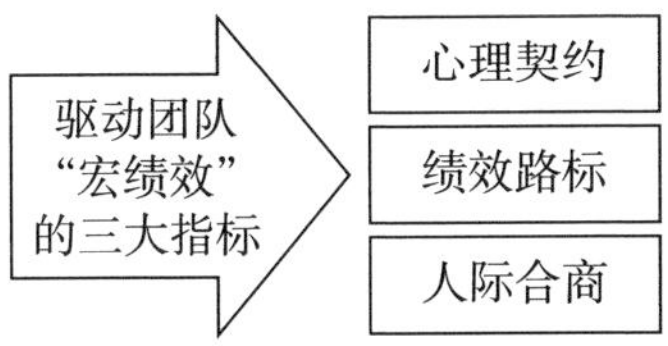

图4－1　驱动团队“宏绩效”的三大指标

结合间接领导者所需扮演的三大关键角色不难发现，这三大指标与三大角色也恰好是一一对应的。

团队管理的开拓者角色，主要肩负的就是构造员工与团队之间的心理契约，致力提升员工的向心力和忠诚度。

团队管理的建筑师角色，承担的主要就是设计与推进员工的绩效路标，致力提升员工的执行力和行动力。

团队管理的团队教练角色，责无旁贷地以促进团队成员之间的人际合商为主要责任，致力提升员工之间的凝聚力和协作力。

上述三大指标的特征与作用如表4－1所示。

表4－1　　驱动团队“宏绩效”三大指标的特征与作用

三大指标	对应间接领导者角色	特征与作用
心理契约	开拓者	● 心理契约表明了成员在心理层面对组织和团队的承诺，是体现团队中员工的向心力和忠诚度的关键指标 ● 一旦员工与团队之间建立了互相信赖的心理契约，其工作心态、行为表现以及自我要求等就会自觉自发地朝着团队期望的方向持续地行进

续 表

三大指标	对应间接领导者角色	特征与作用
绩效路标	建筑师	• 间接领导者为团队成员设定好能指引他们不偏离绩效轨道的指路明灯，我们称之为绩效路标 • 有了绩效路标，不管领导者在不在，不管领导者是否亲自辅导监督，团队成员始终清晰理解自己的行为方向和行动指南，他们的表现就不会偏离团队期望的轨道。绩效路标为团队成员的行动界定了有效范围，勾勒出清晰路线并突出关键点
人际合商	团队教练	• 人际合商是体现团队成员之间相互融合、相互协作、相互信任、相互支持程度的指标。间接领导者需要把不同背景、不同文化、不同利益、不同思想的成员拧成一股绳，齐心合力，充分发挥“1+1>2”的效应 • 人际合商可以衡量一个团队的凝聚力、协作力、互信力。它把整个团队当成一个个体，是指团队成员之间人际关系和谐融洽，工作行为协作互助的表现程度

第一节　塑造团队心理契约的3V工具

一、心理契约的价值和塑造工具

心理契约这一概念是相对于经济契约即劳动合同而言的。员工加入一个团队或者组织，就会产生对这个团队或者组织的期望，同时会对应产生对这个团队或组织的承诺。

而这些期望和承诺只有一小部分可以写下来，劳动合同的作用就在于将这一部分内容予以明示。而另一部分更重要的内容则无法写明，也无法用契约形式加以规定，只存在于员工的心中，这就是心理契约。

心理契约研究是当前西方组织行为和人力资源管理领域中兴起的一个热门话题。对于领导者而言，这更是一个从更深层次分析员工对团队向心力和忠诚度的关键指标。

一旦员工与团队之间建立了互相信赖的心理契约，其工作心态、行为表现以及自我要求等就会朝着团队期望的方向持续行进。

心理契约对团队管理的作用不言而喻，具体可以总结成以下四大作用（见图4－2）。

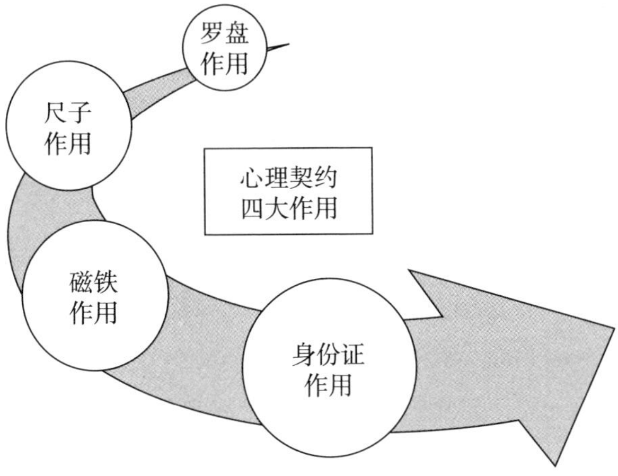

图4－2　心理契约四大作用

（1）罗盘作用。心理契约就如一个时刻装在员工心里的罗盘，无时无刻不给员工指引着前进的大方向。

（2）尺子作用。心理契约就如一把尺子，能让员工衡量自己的工作表现和团队期望之间的差距，更重要的是，这把尺子不是团队强加的，而是员工自己认同的。

（3）磁铁作用。心理契约会吸引和团队之间能达成一致和默契的人，如果个人与团队之间的需求和差距太远，团队成员就会掉队、离队，这对团队而言并非坏事，而是能尽早把“烂苹果”处理掉。

（4）身份证作用。一旦员工和团队之间建立了互相信任的心理契约，员工更会把个人的标签放在团队标签之后，他或者她更会放弃自己的个人属性，把团队的身份标签放在更重要位置。

心理契约对团队管理的重要性不言而喻，而对于领导者来说，特别是对于间接领导者而言，如何塑造和创造心理契约显得更有实际意义。

间接领导者可以通过三大工具来构造富有成效的心理契约，这三大工具分别是愿景锚、价值树和目标与成长链。而这三大工具分别可以用首字母为“V”的英文单词来表达，即 Vision，Value，Victory，这三大工具可以合称为塑造团队心理契约的 3V 工具（见图 4 －3。）其特征与作用如表4 －2所示。

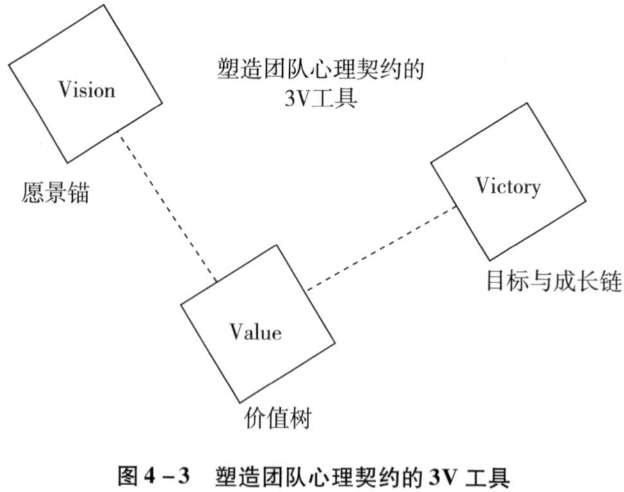

图 4 －3　塑造团队心理契约的 3V 工具

表 4-2　　　　3V 工具的特征与作用

工具名称	英文描述	特征与作用
愿景锚	Vision	间接领导者需要为团队建立一个真正能获得员工认同，为员工指引方向，让员工产生使命感和自驱力的愿景，这一愿景就如一个强大的“锚”，把员工现在的行动与团队愿景牢牢锁定在一起
价值树	Value	间接领导者需要为团队塑造精简而有效的核心价值观，这一价值观能由内而外地影响员工的行为准则和外在表现，而员工的表现正如一棵树，枝繁叶茂的外在表现取决于树的根有多粗多深，而这个根，就是共同价值观
目标与成长链	Victory	间接领导者不仅要关注团队成员的结果指标，更要关注其过程指标和成长指标。间接领导者要把下属未来一段时间内的目标和成长需求捆绑在团队的整体发展上，并对其进行承诺和支持。这就如一根链条，员工的进步和成长就如链条上的每个环，环环相扣才能产生最终的期望目标

二、愿景锚

通用电气前 CEO 杰克·韦尔奇认为，所谓领导者（Leader）就是能够为团队创造一个诱人的愿景（Vision），能够通过沟通和宣传使每个人理解和接受这个愿景，并且能够鼓舞和激励大家为实现这个愿景而努力奋斗。愿景如同天上的北斗星，使走夜路的人不会迷路；愿景就像大海中的航标灯，使航船知道前进的方向。一个没有愿景的企业就像是一个没有车头的火车，不知道开向何处。

在三国演义中，从桃园结义开始，刘备、关羽、张飞三人就立誓，不求同年同月同日生，但求同年同月同日死。这个三人小团队在成立之初，便确定了团队愿景：既结为兄弟，则同心协力，扶危济困；上报国家，下安黎庶，匡扶汉室。可以明确的一点是，这个愿景，成了后来整个刘备集团的发展动力，刘备集团历经多年颠沛流离，能坚持下去，也就因为这个团队愿景；也正因为有了这些，才团结了诸如诸葛亮这样的英才，每每有人投奔，大多是因为抱着同样匡扶汉室的想法。集团发展壮大，从白手起家到独霸一方。比较魏、蜀、吴三国，愿景最明确、最清晰的，就是蜀国了。

杰出团队的显著特征，便是具有共同的愿景。《孙子兵法》中“知胜有五”，其中之一便是“上下同欲者胜”。好的领导者要懂得为团队和员工树立愿景，用愿景来进行管理，其实是一种让员工形成内在动力的领导方式。间接领导者必须为自己的团队设置愿景，它体现了领导者对未来的展望和设想，是对“我们希望成为怎样的团队”的持续性回答和承诺，体现组织长远且永恒的追求。它是团队的长期愿望及未来状况和组织发展的蓝图，是团队未来要达成的美丽图景，它是战略与文化的交集，是一种激发潜能的梦想。准确有效的愿景描述，不断激励团队成员奋勇向前、拼搏向上，鼓舞并激发员工全心全意投入工作，还能起到吸引和保留优秀人才的作用。愿景为什么能起到这么大的作用？关键一点是它能给大家指明方向，让大家在行动的时候不迷茫，进而提高每个人的工作效率。

愿景的价值和作用正如一个强有力的锚，把员工的心和团队的未来紧紧连在一起，为员工的行动指引了方向，点亮了光明。

然而甚为可惜的是，虽然从著名的跨国机构到本土的中小企业，在其网站和宣传资料上，虽然都掷地有声地描述了企业或者组织的愿景，但真正被员工认可和接纳的，到底有多少？真正为员工所信任和理解的，到底有多少？真正为员工所熟知牢记的，到底有多少？一个清晰而富有激情的愿景包括以下要素。

（1）它是一个简单、清晰而又易于理解的目标。

（2）它是一个具有挑战性的并可以实现的目标。

（3）它具有价值、情感和理想。

（4）关注未来，但以现在为着眼点。

毫不夸张地说，虽然很多组织、企业和团队都拥有属于自己的愿景，但能起到愿景锚作用和效果的，还真的不算太多。而真正能从无效愿景转化成愿景锚，则必须满足三个转变：从单向愿景转化为共同愿景，从虚无愿景转化为真实愿景，从淡漠愿景转化为深刻愿景。无效愿景和愿景锚的区别如表 4－3 所示。

表 4－3　无效愿景和愿景锚的区别

无效愿景	愿景锚
单向愿景：只是企业和团队高层一厢情愿的展望和蓝图，不为员工所认同和接纳	共同愿景：企业和团队中从上到下所有成员心中的共同蓝图，员工从心底里认同和接纳，并把自己当作完成这个共同蓝图的一分子

续　表

无效愿景	愿景锚
虚无愿景：团队成员对愿景没有信任度，并不认为愿景是可实现的、可信赖的，愿景对团队成员毫无激励作用	真实愿景：团队成员都深信愿景是可以实现的，是真实可信赖的，是值得期望的，愿景的可实现性会催生员工强大的行动力
淡漠愿景：除少数领导者之外，团队成员对愿景毫无印象或者印象淡漠。除了团队新进成员会被程序化地介绍团队愿景外，团队愿景很少会被提及、重复和宣导	深刻愿景：团队成员对愿景的内涵和描述印象清晰、深刻，愿景会在团队内部被反复提及、回顾、强化、宣导

的确，共同愿景、真实愿景和深刻愿景作为愿景锚的三个要素，需要领导者精心设计与宣导。愿景是否起到了“锚”的作用，是否产生了激励和推动效果，不在于领导者自身的看法，而在于员工是否熟知、是否认同、是否接受、是否信任。

对于间接领导者而言，不仅要理解如何发挥愿景的价值，更要掌握愿景建立的主要途径，这样才能根据自己团队的特征和发展阶段采用不同的愿景建立方式。

建立共同愿景的三种方式如表4－4所示。

表4－4　　　　建立共同愿景的三种方式

集成式	振臂一呼，应者云集，那些有相同个人愿景的人组成一个集体，在集体中再进一步实现共同愿景的构建，这就是集成式。招聘新员工时，不仅看素质和能力，同时强调个人发展及个人愿景与组织愿景的匹配性，也可以看作是通过集成式路径建立组织共同愿景的方式	许多协会和团体共同愿景的建立属于这种类型
凝练式	凝练式则是把大家心灵深处的共同的意象挖掘出来，并进行凝练，进一步构建共同愿景，这一路径的特点是“从群众中来，到群众中去”	适用于那些成员同质性很强又积极面向未来的组织

续 表

影响式	其途径主要是根据个人愿景建立共同愿景。根据个人愿景建立共同愿景，并不意味着一定从组织最高首领的个人愿景到组织的共同愿景，也可以借助于前辈，还可以借助于外部。但通常情况下，基于一个组织的领导者的地位和作用，共同愿景的构建常见的情况确实一般是从决策核心层的人发起的	特别是那些希望构建共同愿景，而从前没有共同愿景或不注重共同愿景构建的组织可以采用这种方式

【案例】

一只猫很饿，想大吃一顿。这时，销售员推过来一摞钱说："猫先生，这是一大笔钱啊！足足有一万元呢！"但是，这只猫没有任何反应。

猫非常饿了，销售员接着说："猫先生，这可是一摞钱啊！可以买很多鱼！"但是，猫仍然没有反应。

猫非常饥饿，销售员继续说："猫先生请看，我这儿有一摞钱，能买很多鱼，您可以用这些钱买最新鲜的鱼，然后就可以大吃一顿啦。"猫眼睛一亮，站起身来，看了一眼钱，又看了一眼销售员，又躺下了。

猫极度饿了，销售员继续说："猫先生请看，这些钱可以买足够的鱼，让您彻底摆脱这几天饥饿带来的难受和痛苦。"猫又眼睛一亮，站起来，围绕钱转了几圈，犹豫着。

销售员继续说："猫先生请看，您的女朋友刚刚就用钱买了鱼，现在一定正在享用鲜美的鱼呢，不相信您去问问她！"刚说完，猫飞快地跳起来扑向了那摞钱！

从这个小故事中我们不难发现，一开始销售员对猫表示：这是一万元，这表明了钱的属性和特性（Feature）。接着销售员又表示这钱可以买很多鱼，这表明了钱的作用和优势（Advantage）。随后销售员说用这钱买了鱼，猫就可以大吃一顿了，这表明钱可以给猫带来的利益（Benefit）。紧跟着销售员提醒猫用钱买了鱼可以彻底摆脱这几天饥饿带来的难受和痛苦，这是在暗示钱可以帮猫摆脱的麻烦和烦恼（Trouble）。最后销售员提示猫的女朋友正在快乐地享受用钱购买的鱼，这是为自己刚才说的话提供了证明（Evidence），让猫彻底相信和认可。

由此可见，从一万元的属性和特性（Feature），作用和优势（Advantage），到给猫带来的利益（Benefit），帮猫摆脱的麻烦和烦恼（Trouble），最后到提供的证明（Evidence），层层推进，环环相扣，对猫产生了强大的驱动力和激励效用，并成功地把钱这个要素深刻地植入猫的内心。

我们用形象的“猫和钱”来类比团队愿景，如果领导者希望这一愿景能真正起到“锚”的作用，真正为团队成员接受、认可并由衷遵从，真正植入到员工的心中和思维中，那么，由属性和特性、作用和优势、利益、麻烦和烦恼以及证明五要素组成的 FABTE 愿景导入模式，则是一个行之有效的方法和工具。

领导者对于愿景的产生与发展起着关键的作用，他们通过自己的心智力量（包括想象力、灵感、远见与洞察力等），运用归纳演绎的方法形成愿景，并通过有效的鼓励、演讲和讲故事等宣传和导入愿景的 FABTE，使之成为全体成员的共同愿景。

【案例】

万林是某本土快递公司的业务总经理，在互联网刚兴起的那段时间，他又一次找来其核心骨干群进行座谈，这已经是他今年连续举行的第 8 次座谈了。万林还是那样的慷慨激昂，演讲得激情澎湃：

“各位同人，我再次向大家讲解一下我们团队的愿景，这个愿景是我们共同反复沟通的结果，我希望大家牢记在心。我们身处一个日新月异的变革的时代，互联网的兴起并取代传统的购物和交易方式一定会成为主流，所以快递行业一定会蓬勃发展。

我希望和大家一起奋斗十年到十五年，把我们公司做成国内实力最强、规模最大的民营快递企业，打破国有邮政和国外品牌的垄断地位，为互联网交易的快速发展和老百姓生活便利贡献力量和承担我们的历史使命。如果这个愿望实现，我们在座每个人，都见证并亲自参与了一个伟大的事业和时代的改变，不仅成为这个新行业的开拓者和创业元老，更一定可以因为公司上市给予的股份而获得丰厚的财富回报，让我们能一辈子都不用再为钱而发愁。

我们所熟悉的两家国际物流巨头，他们的发展也不过是抓住了一个时代机遇而迅速崛起的，而几个大的网上交易平台获得国外大量风险投资，也足以说明互联网购物具有巨大的潜力和前景，因此我们深信我们的愿景是完全可以通过努力实现的。”

万林的愿景宣导讲话，足以证明他是这方面的绝顶高手，因为我们可以从他的讲话中，清晰地发现和找到 FABTE 愿景导入模式中每一个要素（见表4－5）。

表4－5　　FABTE 愿景导入模式的要素

要素	描述	范例
Feature	愿景的属性和性质	奋斗十年到十五年，把我们公司做成国内实力最强、规模最大的民营快递企业，打破国有邮政和国外品牌的垄断地位
Advantage	愿景的优势和效用	为互联网交易的快速发展和老百姓生活便利贡献力量并承担我们的历史使命
Benefit	愿景实现能为员工带来什么价值	如果这个愿望实现，我们在座每个人，都见证并亲自参与了一个伟大的事业和时代的改变，不仅成为这个新行业的开拓者和创业元老，更一定可以因为公司上市给予的股份而获得丰厚的财富回报
Trouble	愿景实现能帮员工摆脱怎样的烦恼	让我们能一辈子都不用再为钱而发愁
Evidence	有什么证明愿景是可实现的	我们所熟悉的两家国际物流巨头，他们的发展也不过是抓住了一个时代机遇而迅速崛起的，而几个大的网上交易平台获得国外大量风险投资，也足以说明互联网购物具有巨大的潜力和前景，因此我们深信我们的愿景是完全可以通过努力实现的

FABTE 愿景导入模式（见图4－4）不仅能让团队成员清晰地辨识间接领导者所描绘愿景的特性和特征，更能把组织和团队的愿景与员工的切身利益和个人发展结合起来、衔接起来、整合在一起，唯有这样才能让愿景落地，唯有这样才能让愿景真正产生“锚”的凝聚力。

优秀的领导者一定会让员工感觉道路是宽敞的、前途是光明的。如果做不到这点，也至少要让员工感觉到道路是曲折的、前途是光明的，绝对不能让他们感觉到道路是曲折的、前途是黑暗的。

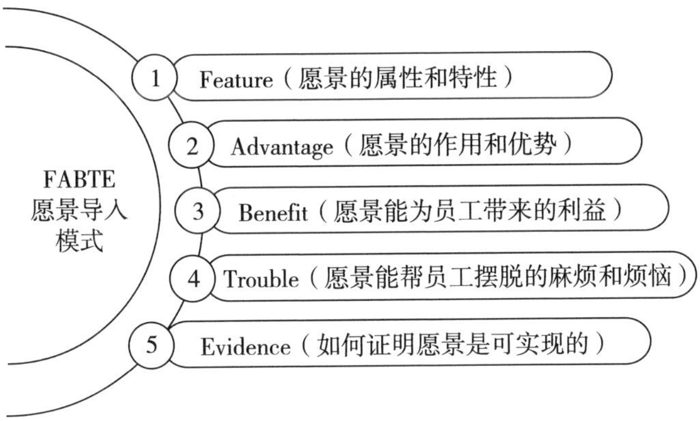

图 4－4　FABTE 愿景导入模式

需要指出的是，变速领导力之所以把愿景定义为愿景锚，是因为愿景的导入和接受并不是终点，让员工对未来产生期许并不是目的。在愿景锚的结构中，愿景只是手段，“锚”才是目标，愿景锚的本质是通过愿景的导入拉动员工对现状进行提升和改变，这就是“锚”的作用。

望梅止渴典故中曹操运用的就是愿景锚，曹操描绘“前面有梅林”这一愿景，希望达到的目的是改变士兵们停步不前的不利现状，驱动他们顶住饥渴疲累奋力前行。

“匡扶汉室”也是刘备在三顾茅庐时给诸葛亮描绘的愿景锚，其目的是希望诸葛亮不计较眼前短期利益，放眼未来，舍小利而取大义。

愿景锚必须在未来和现状之间建立联系，通过描绘未来前景吸引员工对现状进行改变和改善。

愿景锚的“锚”有不同的方向，有的是驱动员工不要安于现状，有的是促使员工不要计较短期利益，有的是推动员工提高自我要求，有的是提醒员工为了更大的共同利益淡化岗位利益冲突……

变速领导力认为，一切没有“锚”作为导向的愿景设计本身是有缺陷的，一切不能实现“锚”的拉动效应的愿景即便再“高大上”，本质上也是无效的。

三、价值树

【案例】

在美国通用电气公司，有这样一条要求，它要求所有的干部都认同本公司的价值观。该公司在全世界拥有大约 30 万名员工，每人平时都要随身携带一张卡，名为“通用电气价值观”卡，卡中对领导干部所下的定义是：痛恨官僚主义、开明、讲究速度、自信、高瞻远瞩、精力充沛、果敢地设定目标、视变化为机遇、适应全球化。这些价值观都是公司进行培养的主题，也是决定公司职员晋升的最重要的评价标准。该公司对各员工的评价和职业安排是通过与上司的面谈以及部门内的讨论来决定的。尽管评价工作是按工作成绩和公司价值观两项标准进行的，不过，公司更注重的是员工的价值观。在这一过程中，“360度评价”可算通用电气的一大特色。每个员工都要接受上司、同事、部下以及顾客的全方位评价。同样，评价的标准也是日常工作中是否按照公司的价值观行事。前董事长杰克·韦尔奇曾明确表示，即使工作成绩出色，但如果不具备公司的价值观，那么这样的人公司是不会要的。

作为构建员工与团队之间心理契约的另一个重要工具，间接领导者需要把统一的价值观植入每个成员的思维和行动中，并且成为团队成员遵循和恪守的行为准则。

当团队越来越大时，不同文化、不同背景、不同需求、不同个性的员工组合在一起，如何像士兵演练般列出一个整齐划一的行动方阵，除了外在的制度约束和奖惩机制外，更重要的是员工内在的自我约束和自我规范，那就必须通过价值观的植入来实现。

如果把员工在职场的表现比喻成一棵树，那树上结的果就是绩效结果，树的枝干就是员工的行为表现，而树的根就是员工心中的团队价值观。因此，我们把能影响员工行为表现和绩效结果的价值观，称为价值树（见图4－5）。

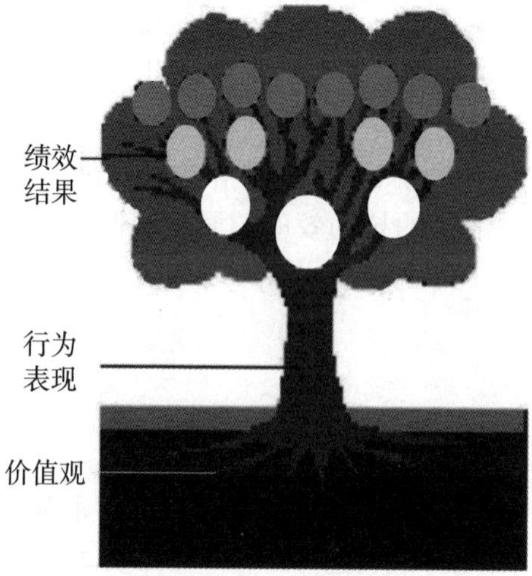

图4－5　价值树

【案例】

说马云做事天马行空无人否认。他不但推动阿里系在电子商务领域叱咤风云，他个人近几年还在阿里巴巴之外试水其他企业投资，从视野到行迹都非常开阔。而他放飞风筝，对各子公司和团队、各事业群最强的控制线，就是价值观。依靠它，马云不用总待在杭州，不用天天出没于公司，而影子般的影响力与控制力却在阿里系内部无处不在。

马云不容许价值观的底线与权威被试探、被挑战，这是阿里的生命线，更确切地说，是他得以控制阿里的生命线。

为了保证价值观的纯正，在阿里巴巴有一个很特别的非官方职位——“闻味官”，见到一个人，他就能迅速“闻”出此人适不适合阿里巴巴文化。在马云看来，能做到称职的“闻味官”的，除了他自己，还有彭蕾和戴珊，这二人都在“十八罗汉”之列。

马云的成功故事表明，领导者要建立一个优质团队，特别是规模庞大的团队，除了要有具体有形的团队目标、优秀的成员外，另一个重要的因素就是让团队成员拥有共同的价值观。在团队中所有成员的互动都是由价值观主导的，团队的价值观是团队日常运作的行为准则，也是管理者信念的最佳写照。

惠普前首席执行官普拉特曾经比喻价值观是企业组织一切运作的核心，团队有了价值观，它的愿景目标才能显示出意义，而策略执行才有重心。惠普前执行长约翰·杨格说：“我们的基本原则，从创办人构思出来后一直维持不变，我们把核心价值观和实务分得很清楚，核心价值观不改变，但是实务做法可以改变。”

卓越企业经验显示，一个团队拥有的共同价值观，可以为团队成员的工作提供恒久的支持力量，有一份比报酬和利益更具意义的工作原动力。

价值观如此重要，但绝大部分团队的价值观流于形式，团队成员之间由于缺乏共同的价值观作为纽带而无法形成合力。间接领导者必须认真探索和考虑，如何把价值观打造成真正产生驱动力和约束力，能为员工的行为和绩效提供动力的价值树。

领导者的言行举止（Voice of Leader），价值观的鲜活生动（Vivid），价值观纳入考核验证（Verify），这三者被并称为有效价值树3V评估（见图4－6）。

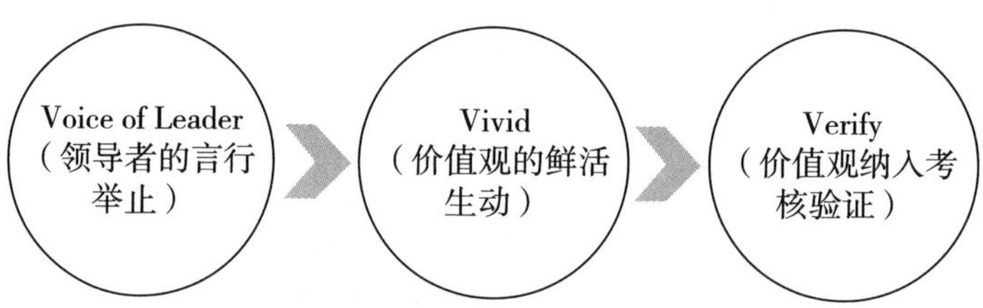

图 4－6 有效价值树 3V 评估

【案例】

事实证明，一支具有优良传统的部队，往往具有培养英雄的土壤，英雄或是优秀军人的出现，往往是以集体形式出现而不是以个体形式出现，理由很简单，他们受到同样传统的影响，养成了同样的性格和气质。第二次世界大战时，苏联空军第十六航空团，P－39 飞蛇战斗机大队，竟产生了二十名获得“苏联英雄”称号的王牌飞行员；与此同时，苏联空军某部“施乌德”飞行中队产生了二十一名获得“苏联英雄”称号的模范飞行员。任何一支部队都有自己的传统。传统是什么？传统是一种性格，是一种气质，这种传统和性格是由这支部队组建时首任军事首长的性格和气质决定的，他给这支部队注入了灵魂。从此，不管岁月流逝，人员更迭，这支部队灵魂永在！

以上的话，来自电视剧《亮剑》中李云龙在毕业典礼上的演讲，从中我们可以看到，他所谓的灵魂，就是军队和团队的价值观。而这种价值观的养成，一定离不开团队领导者自身的遵守、灌输和带动，缺少了领导者自己对价值观的认同与恪守，价值观将形同虚设。不管有再大的困难、再大的挑战，领导者一定要把价值观一贯地坚持下去、延续下去、宣导下去。李云龙的毕业演讲，引出了有效价值树 3V 评估的第一个要素，即 Voice of Leader，领导者的言行举止。

【案例】

创建于 1802 年的杜邦公司，目前业务遍布全球 70 多个国家和地区，而成功融合各种文化背景的平台就是杜邦两个世纪来所形成和一直遵循的“企业核心价值”，具体来说就是“安全、健康和环保、商业道德、尊重他人和平等待人”。

杜邦的“安全第一”价值观是非常有特色的。杜邦的安全原则之一就是“杜邦员工无论在上班时还是在下班后都要注意安全”。正如杜邦公司在内部刊物上所强调的那样：“安全”不只是一个名词或一句口号，它与我们的日常生活紧密相连，不可有一丝妥协。可是，往往有人会贪图便利或因一时疏忽而造成难以弥补的伤害。若平时能够居安思危，建立危机意识，就能远离意外，给自己或家人最大的保障。杜邦在各种场合，通过各种渠道和宣传载体，来推行其“安全价值观”。

在推行这一价值观的时候，杜邦将安全与中国人十分重视的家庭观念结合起来，通过举办“家庭安全日”活动，不仅让员工深入了解安全的观念，而且让与其共同参与活动的家庭成员也掌握了许多安全知识，把对安全的重视从8小时以内的工作场所拓展到8小时以外的家居环境。同时也让员工感到公司对家庭的重视，产生文化上的共鸣。

杜邦北京一位员工的说法具有代表性。他说：“杜邦是我服务的第一家外国企业。在跳槽现象频繁的北京，我在杜邦一做就是五年以上，原因就是杜邦的价值观，而其中安全意识又是让我印象最深刻的。”

杜邦公司对价值观的执着推行，引出了有效价值树3V评估的第二个要素，即Vivid，价值观不能抽象和枯燥，而要鲜活生动，与员工的生活密切连接。杜邦的“安全价值观”的推行，不仅有具体的定义和解释，不仅在各种媒介和场合推行，而且还通过举办类似“家庭安全日”等活动来宣导，这样的价值观并不像很多企业一样，是高高在上、虚无缥缈的，而是实实在在能落地的、可以切身感受到的。

【案例】

和其他企业仅仅把价值观作为思想引导工具不同，阿里巴巴对所有员工的评估，有50%是和这个人的价值观挂钩的，还有50%是和这个人的业绩挂钩的，这种考核体系就确保了价值观能够成为深入阿里巴巴员工骨髓的东西。表4－6是阿里巴巴价值观评估表。

表4－6　　阿里巴巴价值观评估表

考核项目		评价标准				
价值观考核（总分30分）	客户第一	尊重他人，随时随地维护阿里巴巴形象	微笑面对投诉和受到的委屈，积极主动地在工作中为客户解决问题	与客户交流过程中，即使不是自己的责任，也不推诿	站在客户的立场思考问题，在坚持原则的基础上，最终达到客户和公司都满意	具有超前服务意识，防患于未然

续 表

考核项目		评价标准				
价值观考核（总分30分）	分值(分)	1	2	3	4	5
	团队合作	积极融入团队，乐于接受同事的帮助，配合团队完成工作	决策前发表建设性意见，充分参与团队讨论；决策后无论个人是否有异议，必须从言行上完全予以支持	积极主动分享业务知识和经验；主动给予同事必要的帮助；善于利用团队的力量解决问题和困难	善于和不同类型的同事合作，不将个人喜好带入工作，充分体现“对事不对人”的原则	有主人翁意识，积极正面地影响团队，改善团队士气和氛围
	分值(分)	1	2	3	4	5
	拥抱变化	适应公司的日常变化，不抱怨	面对变化，理性对待，充分沟通，诚意配合	对变化产生的困难和挫折，能自我调整，并正面影响和带动同事	在工作中有前瞻意识，建立新方法、新思路	创造变化，并带来绩效突破性提高
	分值(分)	1	2	3	4	5
	诚信	诚实正直，言行一致，不受利益和压力的影响	通过正确的渠道和流程，准确表达自己的观点；表达批评意见的同时能提出相应建议，直言不讳	不传播未经证实的消息，不背后不负责任地议论事和人，并能正面引导	勇于承认错误，敢于承担责任；客观反映问题；对损害公司利益的不诚信行为严厉制止	能持续一贯地执行以上标准

续 表

考核项目		评价标准				
价值观考核（总分30分）	分值（分）	1	2	3	4	5
	激情	喜欢自己的工作，认同阿里巴巴企业文化	热爱阿里巴巴，顾全大局，不计较个人得失	以积极乐观的心态面对日常工作，不断自我激励，努力提升业绩	碰到困难和挫折的时候永不放弃，不断寻求突破，并获得成功	不断设定更高的目标，今天的最好表现是明天的最低要求
	分值（分）	1	2	3	4	5
	敬业	上班时间只做与工作有关的事情；没有因工作失职而造成重复错误	今天的事不推到明天，遵循必要的工作流程	持续学习，自我完善，做事情充分体现以结果为导向	能根据轻重缓急来正确安排工作，做正确的事	遵循但不拘泥于工作流程，化繁为简，用较小的投入获得较大的工作成果
	分值（分）	1	2	3	4	5

阿里巴巴的价值观之所以深入人心、行之有效，是因为马云深知价值观如果不纳入考核，价值观的遵守如果不受监督和验证，那价值观的推行很可能无疾而终。因此，阿里巴巴的做法引出了有效价值树3V评估的第三个要素，即Verify，价值观的遵守需要被考核验证。表4－7是有效价值树3V评估表。

表 4 – 7　　有效价值树 3V 评估表

要素	中文释义	具体描述
Voice of Leader	领导者的言行举止	领导对公司价值观的塑造非常重要，从某种程度来说，一个团队领导的价值观往往就是团队的价值观 如果领导的所作所为与他倡导的价值观不吻合，这些价值观就无法真正落地。例如，一个团队的领导者口口声声说要诚实正直，却整天想尽各种办法去做一些“打擦边球”的事情，不能做到“言行一致”，员工就会认为领导在演戏，不会把公司的价值观当回事。正如柳传志所言：以身作则不是劝导他人的重要途径，而是唯一途径 领导者不能朝令夕改，价值观不同于政策规章，不能轻易变更和调整，而是要坚定持续地推行和维护
Vivid	价值观的鲜活生动	团队的价值观需要具体、生动、鲜活，让员工切实感受到，而不能停留在抽象层面 团队价值观需要通过各种场合和载体进行宣导，活灵活现地让员工感受到、体会到、接触到
Verify	价值观纳入考核验证	团队价值观的遵守和执行需要被考核，把价值观考核作为员工绩效表现的重要部分 团队价值观纳入考核，就使员工对价值观的了解、理解、参与、认同产生了强大的推动力

四、目标与成长链

【案例】

晋惠帝执政时期，有一年发生了饥荒，百姓没有饭吃。晋惠帝闻讯，问左右：“何不食肉糜?”晋惠帝没想到，他问灾民“何不食肉糜”一语，成为千古“名句”。他自己也成为不知民间疾苦的肉食者代表，为后人所耻笑。

很多领导者看到这个小故事或许会发笑，但事实上，领导者在给员工设定目标，给员工提出绩效期望的时候，是否关心过员工的期望和需求，是否征询过员工的意见和建议呢?

通常领导者会自上而下地给下属设定目标，并且会关注最终的结果而忽视过程，这样的做法很难让员工感受到自己与团队之间除了经济契约外，还存在同舟共济、共同成长和发展的心理契约。

心理契约的一个重要特征是相互承诺，领导者需要员工对团队的愿景和目标做出承诺，努力通过自己的付出做出对应的贡献；而同样，员工也希望领导者和团队关注自己的成长，支持自己的发展，这样才能感受到自己与团队的休戚与共，同呼吸共命运。

除了在劳动合同中体现的基于经济回报的相互期望，员工和团队之间为了更默契和互信地合作，更好地通过提升员工的能力来促进其对团队的绩效贡献，需要在如下方面达成另一种相互期望。

(1) 团队对员工有绩效目标的期望，通过为员工设定阶段性目标的方式体现出来。

(2) 绩效目标的实现，离不开员工个人素质和能力的提升，因此团队需要为员工制订个人成长的阶段性目标，个人成长目标既满足了员工自我成长的心理需求，也为团队为其设置的绩效目标的完成提供了能力保障。

(3) 领导者应该为员工个人成长目标的实现提供各项必要的支持，并将团队对个人发展的支持和承诺清晰地通过书面形式表达出来。

大量的企业和团队管理的案例表明，很多领导者非常注重第一条期望，即团队对员工提出绩效目标期望，为员工设定阶段性的目标并配以考核条款，而极少有团队能实现第二条和第三条的相互期望，即为员工设定阶段性的学习和成长目标并提供支持的承诺。因此，很多员工在心理上会感到，公司和团队只会要求自己单向地对业绩贡献进行承诺，而没有对自己更好地完成绩效目标提供支持进行对应承诺。更重要的是，团队领导者一定要明白，绩效目标的完成离不开员工的能力储备和个人成长，因此对员工的个人成长的支持和承诺是其实现绩效目标的重要保障。

“何不食肉糜”的故事告诉团队领导者，在对团队成员设定目标后，一定要了解为了完成这些目标，他们到底要怎样去配合，提供什么支持。

【案例】

在美国工作多年的Victor回到中国，在一家跨国企业担任华东区总经理。经过了解，他发现，不管是新员工还是老员工，他们总是不能完成公司给他们设置的绩效目标，有些人离目标还差得很远。

经过分析，他认为公司给员工定的目标并不过高，但一些入职多年的老员工，在能力和素养方面似乎和新进员工没有太大区别，同时，整个团队的冲劲和奋斗精神也不足，大家觉得业绩目标完不成也很正常。同时，公司的一些惩罚措施看起来效果也不明显。

经过深思熟虑，Victor 决定使用他在国外学到的管理模式来解决当前的问题。

他首先挑选了一些关键岗位的员工进行恳谈，坦诚地分析了公司当前给他们设置的绩效目标的原因、意义和合理性，并且用事实和数据披露了其他分公司更高的目标却有更高完成率的事实。

在目标上逐步达成共识后，Victor 告诉每个人，他不仅希望大家帮助自己完成目标，更希望发挥自己的资源和能力，帮助大家实现更好的自我成长和能力提升，为大家创造一个更有前景的未来。

以一年为期，他让每个人列出自己希望提升的能力和技巧，并明确一年后自己希望在这几个能力项目上期望实现的目标。经过沟通、调整，Victor 和全部关键岗位人员就一年期的能力发展目标达成一致。

另外，他让大家坦诚提出，为了实现这些能力成长和绩效目标，他们需要公司和团队提供怎样的支持、资源和帮助。在 Victor 的鼓励下，大家提出了五花八门的需求和期望，有需要提供培训的、有需要专门辅导的、有需要设备更新的、有需要人员配合的、有需要政策调整的……

Victor 对这些需求一一评估，将其分为自己能满足的、自己将来能满足的和自己不能满足的，坦诚深入地和这些骨干进行交流，最后和他们达成共识，在这个过程中，大家感受到了 Victor 的诚意。

最后，Victor 把一份协议放在了每个人的案头，这份 PDA（Personal Development Agreement，个人成长协议）不仅界定了该员工阶段性的绩效目标，更界定了其阶段性的能力发展和个人成长目标，同时配套了公司和团队给予支持、资源和配合的承诺。

和签署劳动合同一样，Victor 与每个人签署了 PDA 协议，并在接下来的一年中和这些员工相互承诺、相互支持。在 Victor 按照协议为每个人提供了对应的支持时，这些员工备感鼓舞，也备感责任，于是整个团队的士气、能力、表现在短期内迅速上了一个台阶。一年后，几乎所有人都完成了既定的绩效目标。

把下属的业绩目标和个人成长目标捆绑在一起，并且辅以团队对其进行资源、支持和配合上的承诺，这些要素环环相扣在一起，就组成了目标与成长链，这一链条牢牢地把团队和个人发展的命运捆绑在一起，既满足了员工个人发展的需要，也促进了团队对其目标期望的实现。在这过程中，PDA 协议无疑起到了很大的作用（见表 4－8）。

表 4－8　　PDA 协议模板

<table>
<tr><td rowspan="4">绩效目标</td><td>目标项目</td><td colspan="2">目标描述（最高目标，底线目标）</td></tr>
<tr><td>目标 1：</td><td colspan="2"></td></tr>
<tr><td>目标 2：</td><td colspan="2"></td></tr>
<tr><td>目标 3：</td><td colspan="2"></td></tr>
<tr><td rowspan="4">能力发展</td><td>能力项目</td><td>能力表现现状</td><td>一年后能力表现目标</td></tr>
<tr><td>能力项目 1：</td><td></td><td></td></tr>
<tr><td>能力项目 2：</td><td></td><td></td></tr>
<tr><td>能力项目 3：</td><td></td><td></td></tr>
<tr><td rowspan="4">需要支持</td><td>支持项目</td><td>需求目的</td><td>需求描述</td></tr>
<tr><td>支持项目 1：</td><td></td><td></td></tr>
<tr><td>支持项目 2：</td><td></td><td></td></tr>
<tr><td>支持项目 3：</td><td></td><td></td></tr>
<tr><td>承诺</td><td colspan="3">甲方：我承诺为帮助乙方实现绩效目标和能力发展目标而提供约定的支持和资源。
签字：
乙方：我承诺在甲方的支持和配合下尽一切可能完成绩效目标和成长目标。
签字：</td></tr>
</table>

第二节　塑造团队绩效路标的 ASK 工具

一、绩效路标的 ASK 工具

对于管理一个大团队的间接领导者而言，自己在时间和精力上已经不能肩负起为每个团队成员在行为和绩效表现上亲自指引和带领的角色，因此间接领导者迫切需要为团队成员设定好能指引他们不偏离绩效轨道的指路明灯，我们称之为绩效路标。

有了绩效路标，不管领导者在与不在，不管领导者是否亲自辅导监督，团队成员始终清晰自己的行为方向和行动指南，他们的行动就不会偏离团队期望的轨道。绩效路标为团队成员的行动界定了有效范围、勾勒出清晰路线并突出关键重点。

如果说小团队管理依靠领导者手把手式的绩效辅导的话，那大团队管理则需要依靠领导者设计和推行的绩效路标。

那如何才能建立切实有效的绩效路标，如何才能让绩效路标这一概念真正落地呢？间接领导者可以通过三个工具的使用来发挥绩效路标的强大威力，确保整个团队的执行力和行动力，而这三个工具分别是限定条款（Absolute Non - Negotiables）、标准执行流程（Standard Execution Procedures）以及关键责任矩阵（Key Responsibility Matrix），用其英文名称的首字母的缩写表示，统称为塑造团队绩效路标的 ASK 工具（见表 4 - 9）。

表 4 - 9　　ASK 工具

工具名称	特征与作用
限定条款（A）	间接领导者需要为团队成员的行为表现设定一些不可逾越和违反的条款，这些条款就如高压线，在高压线内的行为都是可容忍、可协商、可解释、可妥协的，但触碰高压线的行为，是没有协商余地，必须接受重罚的，这些条款被称为限定条款。限定条款往往很少，却是团队的铁律和底线

续 表

工具名称	特征与作用
标准执行流程（S）	间接领导者需要为团队中关键岗位的执行步骤设计规范的流程和标准，这些标准流程不仅规范了做什么、怎么做，更加规范了怎样才算是做得好。标准执行流程（SEP）通过为团队成员预设好行动的标准轨道，来实现对其行为表现的规范和约束
关键责任矩阵（K）	关键责任矩阵让关联岗位间不同职级、不同分工的员工知道在执行任务时相互之间的责任分配，明确了谁对事项负责，应该负怎样的责任，应该负责到什么程度，从而避免了相互推诿和责任不清

二、限定条款

【案例】

孙子是春秋时期非常有名的军事指挥家，他来到吴国之后，吴王把他当作上宾款待。有一天，吴王对孙子说：“孙先生，都说你的军事理论很强，我想知道你能不能带兵打仗?”孙子回答道：“你给我兵，我就能带。你给我一支军队，我一定能把它训练成非常优秀的军队。”“无论什么人，你都能把他们训练成一支军队吗?”吴王又问。孙子说：“没问题。”于是，吴王指着自己的宫女说：“你能把我这群宫女训练成军队吗?”孙子说：“你只要给我权力，我就能把这些宫女全部训练成军人。”“好，我给你权力，限时三个时辰。”吴王说。

于是，孙子和吴王的宫女们都站在了训练场上。这些宫女从来没受过军事训练，只是觉得这件事很有趣，大家你推我搡闹成一团。吴王看着这情景，也觉得新鲜好玩，就把他最宠爱的两个妃子也叫了过来，并让她们担任两队宫女的队长。孙子开始练兵，他大声说道：“大家停止喧哗，我数到10，所有人必须整齐列队。”但是没人听他的话，宫女和妃子还是在原地嬉笑打闹。孙子也不着急，他大声说：“这是我第一次说，大家没听明白，是我的问题，现在我第二次要求你们列队。”这些“女兵”依然没什么反应，玩笑依旧。这时孙子又说话了：“我第一次讲话大家没听明白，那是我的错；第二次没听明白，可能还是我的错。下面我开始说第三遍——我数到10，所有人必须整齐列队。”

第三次数完了，还是没人按照口令行事。孙子沉下脸来严肃地说：“第一次大家没听明白，是我的错误；第二次大家也没听明白，还是我的错；但是，第三次没听明白就是你们的问题。来人，把那两个队长带到一边去，立刻斩首。”马上有士兵上来把那两个妃子抓了起来。这时，吴王赶紧对孙子说：“不能这样！我只是说着玩的，千万别动真格的。”孙子反问：“你是不是给我权力了？现在军权在我手中，立刻斩首。”士兵“咔咔”两刀把两个妃子砍了。见到这种阵势，众宫女马上肃然而立，一会儿，两个队列就成形了。

从孙子练兵的故事中，我们可以发现孙子作为团队领导者，为了让所有团队成员迅速提高执行力和行动力，他向所有人提出了明确要求：数到10后必须整齐列队。

当很多人不以为然，依然嘻嘻哈哈时，孙子反复强调了三次，当三次强调依然无效时，孙子立刻采取行动，斩杀妃子，以儆效尤。这种负面示范效应立竿见影，剩余的人马上列队，行动力大大提升。

从这个故事中我们引出一个重要的提升团队行动力的工具——限定条款。限定条款又被形象地形容为高压线，是团队对成员行为容忍的底线。限定条款虽然不多，但却是不可妥协的原则，任何人不可逾越，否则必受惩罚！孙子对这个团队提出了“数到10必须列队”的限定条款，并反复三次强调，在警示无效之下，连吴王的妃子都能杀，足见限定条款是任何人都不能违反的。

具有讽刺意味的是，虽然很多团队有大量的纪律和制度，却对成员的行为毫无约束力和控制力，甚至形同虚设，被视作儿戏。限定条款不同于很多团队的规章制度，限定条款之所以能产生强大的效应，是因为具有以下四个原则（见表4－10）。

表4－10　限定条款的原则

限定条款的原则	原则的描述
少而有效	限定条款往往非常少，可能是寥寥几条，但却真正是铁律，不能妥协和违背。纪律和规范，往往因为太多而容易违背践踏，失去效用。很多公司和团队的员工守则甚至几十页，但又有几个员工能熟悉和了解

续　表

限定条款的原则	原则的描述
明确具体	限定条款之所以有效，是因为明确具体、界限分明，而非含混不清、模棱两可。是否违背触犯，很容易界定和审核。很多团队的规章和制度大都是定性的描述，因此无法进行评判和衡量
人人尽知	限定条款需要被反复宣导，做到人人皆知，时时提防，始终如一把达摩克利斯之剑悬在每个成员的头顶
违背即罚	限定条款的高压效用在于其违背即罚的“热炉效应”。没有任何借口，任何人、任何时间、任何地点，只要违反，一定惩罚。“热炉效应”就指只要有人碰到炉子，必被烫到，这样下次他就不敢了

【案例】

慧聪集团总裁郭凡生是一个非常强势的人，在管理企业与处事原则中常常显露出军人的直率和严格。

在2003年“非典”时期，郭凡生实行了严格的军营制度。慧聪集团对北京昌平研发基地集中着600名员工的慧聪园自行隔离封园。如果有员工一定要出园，就请提交辞职报告。不久，住在慧聪园的一名女员工因为不顾劝阻执意出园而被立即开除。

“非典”时期，郭凡生给员工下发的注意事项文件中全部冠以“CEO第×号令”，将军人的严格与铁腕演绎得淋漓尽致。

“我还是那句话，令行禁止，令要行得通，止要止得住，乱世必用重典。哪怕有人去投诉，哪怕最后我要赔钱，我也要在公司树立起规矩的威信。”郭凡生说。

郭凡生给人的印象一直是温文尔雅，一派学者风范，谁也没曾想他还有如此强势的一面。没有规矩，不成方圆；有了规矩不执行，也成不了方圆。有“圆”无“方”，成不了优秀的企业家；有“方”有“圆”，成就了郭凡生。

郭凡生在特殊时期，为规范和约束下属行为，制定了“不得离园，否则辞退”的限定条款，这就是限定条款设计中的第一个类别，即遵守公司政策和程序。间接领导者可以挑选出组织或者团队的政策、规范、条例、纪律中最不能违反、影响最大、最不可妥协的几条，变成“违反必严惩，触及必痛苦”的限定条款，并在多个场合、多个时刻反复宣导和强调。

【案例】

2011 年，阿里巴巴 B2B 公司发公告，董事会已经批准 B2B 公司 CEO 卫哲、COO（首席运营官）李旭晖引咎辞职的请求。时任阿里巴巴董事局主席的马云发内部邮件表示，过去的一个多月，自己很痛苦、很纠结、很愤怒；对于这样触犯商业诚信原则和公司价值观底线的行为，任何的容忍和姑息都是对更多诚信客户、更多诚信阿里人的犯罪！

一个上市公司的 CEO、COO 同时辞职，而且还是引咎辞职，这在上市公司并不多见，在互联网历史上也该是史无前例。我阅读过马云给内部员工的邮件，认为那其实就是给新闻媒体的公开信。

马云曾经反复强调，成为阿里巴巴员工第一品质是诚信，任何人被发现不诚信或者纵容不诚信行为的发生，都将受到严惩。马云强调，这绝非“作秀”，诚信也是电子商务的第一生命力，做网上商店和移动支付，如果没有诚信，就等于被判处了死刑。

马云表示，阿里巴巴的 1107 名“中国供应商”涉嫌欺诈，无论欺诈的是中国人还是外国人，都是经商一大忌，互联网行业更是如此。

马云所反复强调的限定条款，是“诚信和不欺诈”，违者必究。对于这样一个无法明确化和制度化的限定条款，马云却无时无刻不在维护和灌输，并在问题出现后用铁腕的惩罚来凸显了这一限定条款的威信。这个案例引出了限定条款的第二个类别，即员工个人操守和行为。

【案例】

陈旭是一家著名上市公司的事业部总经理，由于企业产品有竞争力，事业稳定，收入丰厚，很多在公司工作多年的管理层和核心骨干都出现了职业倦怠，失去了当初的创业精神。

陈旭想了很多激励的办法都无济于事，最后他请来了一家著名顾问公司，为中层管理者设计了全方位的绩效考评指标，既包括结果指标，也包括成长指标、行为指标、能力指标等，最后计算出综合评分。陈旭正式宣布：“不管实际表现如何，每年的综合评分最后一名，自动下岗！”

很多团队，特别是销售绩效导向的团队，都可以设计类似“末位淘汰”的限定条款，来提升员工的上进心和奋斗精神。陈旭所设定“末位淘汰”条款，就是限定条款中最后一类，即最起码的绩效要求。

综合上述郭凡生、马云和陈旭三位领导者各自为团队设定的限定条款，我们可以把各种限定条款归纳为三类，分别是遵守公司政策和程序、员工个人操守和行为以及最起码的绩效要求。读者可根据这二类自行设计具体内容和惩罚措施，并对表4－11进行填写。

表4－11　　　　　　　　　限定条款设计表

限定条款类别	具体内容	惩罚措施
遵守公司政策和程序。为团队成员设定在公司政策、纪律和操作流程等方面必须100%遵守和执行的那几个关键项		
员工个人操守和行为。为团队成员设定在个人道德操守和为人准则方面不可逾越的几条底线		
最起码的绩效要求。为团队成员设定在业绩或者绩效考评方面最起码的及格线。这里指的业绩或绩效可以是结果指标，也可以是过程指标		

限定条款在国内又有另一种称谓——负面清单，它是不少领导者用来治理团队和打造执行力的利器。

限定条款和一般规章制度不同，它是“动态滚动”的，而不是“静态固化”的。一般而言，限定条款可用“五令三更”来形容。限定条款通常被浓缩为五条左右，这些条款高度针对领导者所在团队近期发生的普遍和共性问题。

所谓“三更”就是限定条款每三个月更新滚动一次，即每一季度做一次更新。当三个月之后限定条款中某一条所指向的问题基本消失，则该限定条款从五条中删除。同时针对最近新产生的共性问题，则设定新的限定条款补充进来。

由于具有“动态滚动”的特点，负面清单的时效性和针对性极强，比一般的制度纪律更能“定点清除”团队在执行方面存在的普遍性问题。

三、标准执行流程

作为间接领导者，对于大规模团队的规范与约束，已经不能事必躬亲了。那如何确保团队成员明晰自身的工作任务，如何确保团队成员清晰知道做事的规范，如何确保团队成员熟知自己的操作步骤呢？

标准执行流程（SEP）是间接领导者不得不学习的管理模式。SEP 是一种通过过程管理实现结果管理的有效方式，领导者通过对关键岗位设计标准化的执行步骤和操作流程，减少和预防差错及不良后果的发生。很多领导者为团队设计了详细的员工手册、岗位说明书、规章制度、表格单据，但这些只有和 SEP 结合才能产生强大的效果。SEP 是支撑起团队各类规范标准，推动团队执行力的重要支柱。

大团队领导者需要反思的是，自己的团队有如此纷繁复杂的规范、规章、政策、说明，然而自己的团队为关键岗位建立了核心的 SEP 了吗？

【案例】

清朝紫禁城里面是一点声音都没有的。慈禧太后吃完饭的时候，如果太监走过来问："老佛爷，您用完了吗？"一个耳光就会打上去。

太后吃饭的筷子，如果是直着摆，表示还要继续吃；如果横着往前推，表示吃完了。太后吃完饭要上水的，一个银盆，中间漂着六片莲花。太后漱完口，大太监又出去奉茶，早上龙井，中午碧螺春，晚上普洱，分得非常清楚。茶盖如果是虚掩着的，表示还要继续喝。掀起来，斜靠在旁边，表示喝完了。太后吃完了要抽水烟，上烟的要从她右边绕过去，跪在点烟的方向，给她擦火。这一切都是静悄悄的，没有任何声音。所有事情都有规则，不需要讲话。

从这个故事中可见，一旦团队按照 SEP 步骤和标准来操作和执行，领导者即便不开口，不动手，一切依然在规范有序地进行，这对于一个大团队的间接领导者而言尤其关键。

倘若没有外部专业顾问的介入和支持，倘若公司内部没有专业的人士提供帮助，或许对不少带领大团队的间接领导者而言，设计 SEP 会让他们颇感头疼，甚至无从下手。是所有的岗位都需要设计 SEP 吗？是所有的工作流程都能设计 SEP 吗？一个有序运作的团队的确离不开 SEP，但如果需要为所有岗位都设计细化的 SEP 却又会让很多间接领导者望而却步，因此 SEP 的推行需要领导者抓住关键岗位和关键工作流程来推行。

团队领导者可以从三个角度来先易后难地推行 SEP。首先一定要抓住那几个对团队绩效表现影响最大的岗位和流程，因为这些流程一旦确立并执行，将对团队的绩效提升起到关键的作用。其次有些岗位和流程涉及面对外部客户或者和其他部门的协作，因此特别需要规范化、标准化，也需要尽快设计出 SEP。最后对那些非常容易细化和标准化的工作职责，也需要尽快设计和实施 SEP。SEP 设计与实施的起点选择如表 4－12 所示。

表 4－12　　　　SEP 设计与实施的起点选择

起点选择	举例
对团队绩效影响特别关键的岗位和工作流程	大客户销售流程/投诉处理流程/采购管理流程等
特别需要标准化和细节管理的岗位和工作流程	客户迎接流程/跨部门协作流程/检验流程等
特别容易标准化的岗位和工作流程	电话接听流程/会议组织流程等

除了从上述三个角度来选择 SEP 设计和实施的起点，领导者也可以审视在团队当中哪些岗位和工作步骤是经常出问题，经常容易犯错的，也可以从这些方面来选择设计和实施 SEP。

【案例】

曾经，厦门航空公司的一架飞机在升空后忘记拔插销，使得起落架无法收回，差点造成了事故。老总针对此事，亲自写了 SEP，详细规定了关于插销的细则。

细则中写道：“在拔了插销后，要后退 15 步把手举起来，当机师看到后要出示信号，这时拔插销的人才能把手放下来。”同时，厦门航空公司还规定，当飞机下方有东西要维修时，就会有一条两米长的红丝带飘起来，这架飞机就不能运行。此外，文件的不同类别以不同颜色的本子来区分，例如，飞行安全用红色，航空管理用蓝色，地勤用绿色，财务用黄色，管业用白色。在工作的具体操作中，可以根据不同的需要有针对性地查资料，大大提高了工作效率。这套完备的 SEP 被比喻为“厦航圣经”。

从以上的例子中可以看出，厦门航空公司从一次事故中感悟到 SEP 的重要性，从拔插销这个工作流程起，逐步向其他工作流程推行。

对于大团队领导者而言，关键岗位和关键流程的 SEP 的设计和实施，可以在以下几个方面大幅度提升团队管理的效率。

（1）SEP 的推行大大缓解了领导者的管理压力，使其可以从大量事必躬亲的指导和监督中解放出来，尤其是对大团队的领导者而言。

（2）SEP 的推行让员工真正了解任务的明确要求和团队的绩效期望，而不是凭自己的理解和想象去做，因为不同的理解会产生不同程度的偏差，SEP 正是要防范这样的偏差的产生。

（3）SEP 为对员工的考核和评价提供了过程指标和参考，特别是对那些长周期的工作流程而言，过程的控制是产生结果的最佳保障。

那么，SEP 流程图如何制作呢？

领导者通过给关键岗位设计和推行标准业务流程，使得员工的执行效率和执行效果大大提升。标准业务流程的呈现方式，可以是通过文字的，即通过每个步骤的详细描述来界定动作标准。但为了让 SEP 的流程全局性更清晰，每个步骤之间的关联更明确，一个更佳的方式是设计 SEP 的流程图，通过图文并茂的方式让员工印象深刻。

SEP 流程图的目的在于使每一项作业流程均能清楚呈现，任何人只要看到流程图，便能一目了然。SEP 流程图确实有助于相关作业人员对整体工作流程的掌握。制作流程图的好处有三。

第一，所有流程一目了然，工作人员能掌握全局。

第二，更换人手时，按图索骥，容易上手。

第三，所有流程在绘制时，很容易发现疏失之处，可适时予以调整更正，使各项作业更为严谨。

常用的 SEP 流程图符号有九种，具体如表 4－13 所示。

表 4－13　常用的 SEP 流程图符号

符　号	名　称	意　义
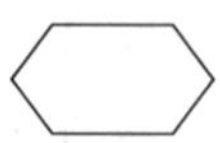	准备作业（Start）	流程图开始
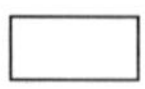	处理（Process）	处理程序
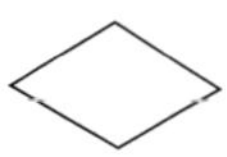	决策（Decision）	不同方案选择

续　表

符　号	名　称	意　义
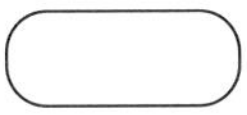	终止（End）	流程图终止
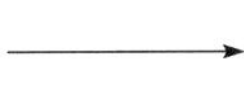	路径（Path）	指示路径方向
	文件（Document）	输入或输出文件
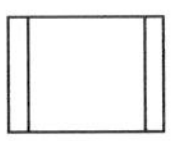	已定义处理（Predefined Process）	使用某一已定义的处理程序
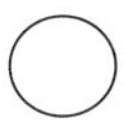	连接（Connector）	流程图向另一流程图的出口；或从另一地方的入口
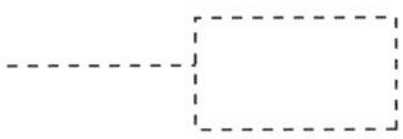	批注（Comment）	表示附注说明

事实上，标准执行流程并不是越细致越好，并不是越完善越好，并不是看起来越专业越好。有时候“纸面”上非常完美和专业的流程图，实际执行过程中员工却觉得看起来累，理解起来辛苦，执行起来复杂。

领导者需要明白，标准执行流程真正的目的是员工有效执行。因此，是否有利于理解，是否有助于执行，是否便于操作，这才是衡量流程是否有效的真正指标。

近些年不少企业在执行力流程化的大趋势下产生了一个不良倾向，那就是流程做得越来越花哨和烦琐。甚至有时候为了表面上的“专业”，有意无意地把简单问题复杂化了。

真正的领导力高手，能在流程设计上使用“逆向思维”，追求执行流程真正的可记忆性、可复制性和可操作性。标准执行流程的“三化落地”就是领导者在流程设计时值得借鉴的有效工具。

所谓标准执行流程的“三化落地”（见图 4－7），即在流程设计过程中力求实现“数字化”“简明化”以及“口诀化”。

把标准执行流程用数字提炼成结构清晰的步骤和部分，这就是“数字化”。“数字化”的过程就是把复杂的内容进行逻辑梳理和结构简化的过程。诸如“4 个重要节点”“5 个关键步骤”“7 个核心阶段”等表述说明

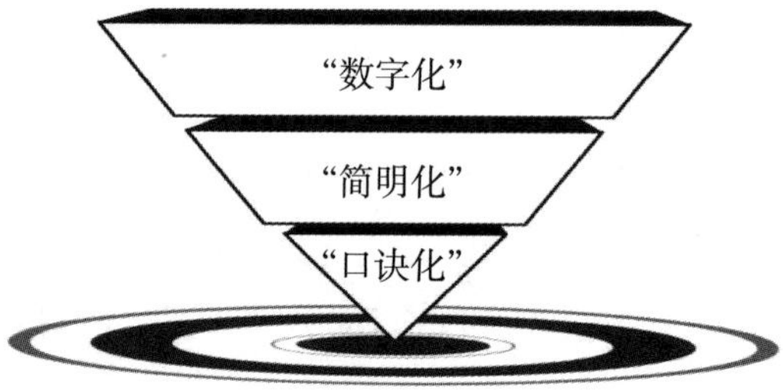

图 4－7　标准执行流程的“三化落地”

这些流程已经被梳理出了一目了然的结构步骤和组成部分。

把流程的每个步骤或部分用简单明了的关键词进行概述，让员工一看就懂，一目了然甚至过目难忘，这就是标准执行流程的“简明化”。如果领导者能用一个关键词完整地替代一大堆内容，员工在执行时的记忆认知效果和行为提示效果将极大地提升。敌进我退、敌驻我扰、敌疲我打、敌退我追，整个游击战复杂的作战策略用 4 个关键词就一目了然，连那些没有接受过任何军事训练甚至不识字的士兵都能一学就会。

领导者为所设计的标准执行流程，取一个朗朗上口、利于传播的名称，这就是标准执行流程的“口诀化”。在武侠小说中各种至高无上的武功都以带数字的口诀来命名，例如一阳指、六脉神剑、七伤拳、独孤九剑、降龙十八掌等。所配套的口诀越形象，记忆效果和传播效果越好。

倘若某标准执行流程由四个部分组成，则命名为“四轮驱动”的效果要比“四个步骤”好；倘若某标准执行流程由五个部分组成，则命名为“五环联动”的效果要比“五个关键”好。

四、关键责任矩阵

如果说限定条款是让每个团队成员明确知道不能做什么，而标准执行流程是让团队成员清楚应该怎么做，那还有一个重要的挑战是如何让关联岗位不同职级、不同分工的员工知道在任务执行时相互之间的责任分配，归根结底，就是谁对什么事项负责，应该负怎样的责任。

对于间接领导者而言，不可能每次都要依赖授权的面谈和沟通才能把职责界定清晰。面对人数众多的团队，间接领导者没有时间、没有精力、也没有效率如此去做。

因此，间接领导者需要针对重要的任务事项，把责任明确到人，建立清晰的“问责制”。团队执行力和行动力的大多数问题来源于责任不清，谁都负责，谁都不负责，这样的机制导致整个团队的运作和执行中，必然有大量的“南郭先生”在“滥竽充数”，而间接领导者不可能把这些“南郭先生”一一抓出来，那就需要依靠机制。很多团队都在学习西点军校的责任第一，但责任意识需要培养，更需要明确责任的归属，明确责任人。

1. 关键责任矩阵的优势

关键责任矩阵是一个间接领导者可以运用的，让团队中各部门、各职位都清晰自身职责的一种管理工具。这一矩阵的纵向为各项任务和职责，横向为任务与职责涉及的部门、岗位和个人（见表4－14）。

表4－14　关键责任矩阵

岗位 任务	岗位A	岗位B	岗位C	岗位D
任务A	责任程度	责任程度	责任程度	责任程度
任务B	责任程度	责任程度	责任程度	责任程度
任务C	责任程度	责任程度	责任程度	责任程度

从表4－14中可以发现，关键责任矩阵的优势主要体现在以下几方面。

（1）让员工一目了然地看到自己的职责，避免职责不清而出现的推诿扯皮现象。

（2）让员工清楚知道自己在和谁配合、协作，知道他们的职责和分工，从而增强协作效率和执行速度。

（3）让员工明确了解在面对任务时，自己能做哪些，不能做哪些。

表4－15是某公司客户服务的关键责任矩阵。

表4－15　某公司客户服务的关键责任矩阵

岗位 任务	客服专员	售后服务主管	售后服务文员	维护工程师	维修工程师	产品工程师
客户报修	R			I	I	I
故障记录	R					
客服叫修	R	A				

续 表

任务＼岗位	客服专员	售后服务主管	售后服务文员	维护工程师	维修工程师	产品工程师
派工		A				
诊断维修		I		R	I	I
开客户服务单			I	R		
记录存档			R	R		
后续跟踪	R			R	I	I
符号说明	A：审批与决策　R：直接与主要责任　I：参与和次要责任					

从表 4－15 中可以看到，客户服务部门的关键责任矩阵在纵向明确列出了售后维修项目中各个具体任务，而在横向则列出了和这些任务相关的全部岗位的清单，这样就形成了任务和岗位之间的一一对应关系。

更重要的是，表 4－15 中界定了每项任务针对不同岗位的责任程度，这样就极大地避免了责任不清和分工不明等常见管理问题。

2. 关键责任矩阵的制定和推行

这家企业的服务总监如果要把关键责任矩阵真正推行起来，还需要经过和相关岗位的协商和沟通，听取意见，对责任分配进行优化。当然更重要的一步，是让这些相关岗位的人员就这份关键责任矩阵达成一致，进行承诺，这就是关键责任矩阵制定和推行的步骤。

下面，我们将通过表 4－16 来说明关键责任矩阵的制定和推行。

表 4－16　　关键责任矩阵的制定和推行

关键责任矩阵的六大步骤	具体要求
步骤一：确定任务事项	间接领导者需要挑选出团队中那些关键的任务事项，尤其是那些涉及不同小组、不同岗位、不同层级共同完成的任务事项
步骤二：确定责任对象	列出该任务事项完成中涉及的部门、岗位和人员名称

续 表

关键责任矩阵的六大步骤	具体要求
步骤三：画出矩阵	以工作任务为行，以执行工作任务的个人或部门为列，画出相互关系矩阵图
步骤四：界定责任程度	在矩阵图的行与列交叉窗口里，可以用字母、符号或数字显示任务与执行者的责任关系，也可以用文字直接列出该岗位的明确责任
步骤五：检查调整	检查各个部门或人员的任务分配是否均衡、适当，是否有过度分配或者分配不当的现象，如有必要则做进一步的调整和优化
步骤六：获得承诺	根据责任矩阵与设计的成员进行沟通，务必让每个人清楚任务中自己所承担的责任和要求，并获得其承诺

间接领导者在推行关键责任矩阵时，还需要注意以下几点。

（1）应用范围。关键责任矩阵既可应用在具体任务的执行责任界定，如售后服务的责任归属，也可应用在整个团队的战略任务的分配上；同时，关键责任矩阵适用于跨岗位、跨小组、跨部门的任务小组和项目小组的责任界定。

战略层面：包括团队战略计划的责任分配，团队阶段性关键任务的责任分配，团队核心工作的责任分配等。

项目层面：团队跨部门跨岗位任务或临时性项目的任务分配。

执行层面：团队中具体任务细节化的责任分配。

（2）责任对象。关键责任矩阵的对象，可以是具体的岗位和个人，也可以是部门或者小组。如果是部门或者团队内的职责和任务，那一般需要界定到具体的岗位和个人。但如果是跨部门合作，那可以把责任界定到部门、小组或团队。

（3）责任程度。对于责任程度的界定，间接领导者可用两种方式，一种是通过符号表示，一种是通过文字描述。当相关责任描述可以用简要几个字解释清楚的，则可以采用文字描述；当责任描述具有特殊性，不能用符号来概括的，也需要用文字描述。

符号描述的好处在于简单、规范、高效，以工程招标工作为例，符号描述的具体方式如表 4 – 17 所示。

表 4－17　　工程招标工作的关键责任矩阵

任务与职责 \ 责任人		项目经理	报建人员	造价工程师	技术员	唱标人员	资料员
招标阶段	111 编制招标计划	D		C	C		X
	112 编制招标文件	D		X			X
	113 招标方式备案	I	X				
	114 编制标底或限价	D	I	X			
	115 招标文件备案	I	X	D			
招标	121 招标公告	D	X	d			X
	122 资格预审文件	D		X			X
	123 确定资格预审	D	X				
	124 招标文件	D			C		X
	125 招标文件备案	d					X
开标与评标	131 组建评标委	C					
	132 开标准备	D		X	d		
	133 开标	X		D	C	d	
	134 评标	X		d	d	d	
	135 评标报告	d		D			X
定标与备案	141 中标候选人公示	D		d			
	142 招标情况报告	I		d		X	
	143 招标备案	I		d		X	
	144 中标通知书	I		d		X	
签订合同	151 编制合同文件	D		C	C		X
	152 协助合同谈判	d		d			
	153 合同备案	I		C	C	X	
	154 招标与履约保证金	D				X	d
责任界定	X——执行工作；D——单独或决定性决策；d——部分或参与决策；C——必须咨询的；I——必须通报的						

第三节 驱动团队人际合商的FIT工具

一、团队的人际合商与FIT工具

【案例】

2004年6月，几乎拥有NBA（美国职业篮球联赛）历史上最豪华阵容的湖人队在总决赛中对阵东部的活塞队。赛前，很少有人会相信活塞队能够坚持到第七场。从球队的人员结构来看，科比、奥尼尔、马龙、佩顿，湖人队是一个由巨星组成的“超级团队”，每一个位置上的成员几乎都是全联盟最优秀的，再加上传奇教练菲尔·杰克逊的整合，在许多人眼中，这是近20年来NBA历史上最强大的一支球队，要在总决赛中将其战胜只存在理论上的可能性，更何况对手是一支缺乏大牌明星的“平民”球队。然而，最终的结果却出乎所有人的意料，湖人几乎没有做多少抵抗便以1:4败下阵来。湖人的失败有其理由：奥尼尔和科比都觉得自己才是球队的领袖，在比赛中单打独斗，全然没有配合；而马龙和佩顿只是冲着总冠军戒指而来的，根本就无法融入整个团队，也无法完全发挥其作用，缺乏凝聚力的团队如同一盘散沙，其战斗力自然也就会大打折扣。

从这个案例中不难发现，明星员工的内耗和冲突往往会使整个团队变得平庸，在这种情况下，“1+1”不仅不会大于或等于2，甚至还会小于2。在团队的组建过程中，领导者往往竭力在每一个工作岗位上都安排最优秀的员工，但如果这些优秀员工之间无法形成有效协作，那他们的合力甚至不如由普通员工组成但能高效合作的团队。

【案例】

有这样一个团队实验：将每8个人分为一组，每个人都去拉同一根绳子，而且都要拼尽全力。记录下每个人100%用力的时候，所施加给这个绳子的力。若干人都做同样的实验，分别记录下来。

将同一组的8个人进行自然组合。每2个人为一组，同时用力。1个人施加给绳子1份的力，2个人就是2份力。每个人的情况有所不同，实验结果是，当2个人去拉这根绳子的时候，产生的力是应该有的2份力的95%。每3个人为一组，再去拉绳子，3个人都要用尽全力，最终得到的力是3份力的85%。如果8个人全上，记录的结果是8份力的49%。

这个实验给我们的启示是：当组织的人数增加到一定规模时，组织成员都会自觉或不自觉地保留实力，甚至有些成员连一半的力都没有用出来。

职场中大量的案例表明，团队中每个个体的能力提升并不一定能带来团队整体竞争力的提升，团队中每个成员的优秀并不意味着团队整体的卓越。团队的规模越大，团队成员之间的信任度会变得越低，凝聚力会变得越差，整合效应会变得越小，因此对于管理着人数众多大团队的间接领导者而言，能否让每个成员都足够努力，并把这些努力形成合力，是特别具有挑战性和技巧性的任务。

俗话说："一个和尚挑水喝，两个和尚抬水喝，三个和尚没水喝。"这表明三个和尚组成的团队没有形成合力，反而巨大的内耗和不信任让团队的能力和输出还不如单个个体。然而还有童谣唱道："一只蚂蚁来搬米，搬来搬去搬不起；两只蚂蚁来搬米，身体晃来又晃去；三只蚂蚁来搬米，轻轻抬着进洞里。""三个和尚"是一个团队，他们没水喝是因为互相推诿，互不信任，不讲协作；"三只蚂蚁来搬米"能"轻轻抬着进洞里"，正是高度凝聚、高度互信、高度协作的结果。间接领导者需要学会用这个"合"字，把不同背景、不同文化、不同利益、不同思想的成员拧成一股绳，让他们齐心合力，充分发挥"1 +1 >2"的作用。

我们通常以智商、情商、胆商等形容个人，同样，我们可以用人际合商来衡量一个团队的凝聚力、协作力、互信力。人际合商把整个团队当成一个个体，是指团队成员之间人际关系和谐互信，工作行为协作融合的程度。团队人际合商的七大表现如表4－18所示。

表 4－18 团队人际合商的七大表现

人际合商表现	具体描述
愿意接受并遵守团队整体决定	• 团队成员相信团队所做出的决议有其优点及必要性。当不完全满意某一次的团队决议，甚至有时还可能觉得自身的权益受损时，团队成员都深知，在团体中并不是每一次都能找到完美的解决方案 • 一旦做出决议后，团队成员能抛弃个人的主观想法，因而接受并且切实遵守大伙儿的共识。万一仍有不同观点，会在下一次团体讨论中提出，试着说服大家使之成为新的共识，而不是消极抵制或我行我素
主动表达高度合作意愿	• 合作，是团队运作的基础。团队成员都乐于与他人合作，包括团队内和团队外。即使有些时候，自己一个人做事似乎远比跟大伙儿一起做来得有效率，但为了团体的长远利益，团队成员仍愿意和他人一起做事，相互配合 • 团队成员积极并且极乐意跟大家分享专业知识，如“这是我对这件事的想法”，并耐心询问每个人是否有其他的看法：“不知道各位有没有更好的点子？”
重视团队其他成员的利益	• 人际合商高的团队人人都具有同情心，能理解他人，并尊重其他成员的利益。换句话说，他有能力了解并重视每个人的想法及感受 • 当双方的利益发生冲突和矛盾时，能和对方一起协调、沟通，寻找解决方案，而不是站在自身的角度，维护自身利益，并不惜破坏人际关系
肯定其他团队成员的成就	• 人际合商高的团队人人都具有肯定和认同他人贡献的习惯 • 每个人都把自己当成团队的一分子，面对成绩的时候，不居功自傲，不孤芳自赏，而是把功劳归结为团队的共同努力，归结为其他同事的协作与配合
提出建设性的批评和建议	• 人际合商高的团队，团队成员不会为了自我利益而得过且过 • 为了团队的整体利益，他们会积极分享自己的观点和建议，并且对不良的做法和行为会提出批评和建议，但这种批评和建议又是非常讲究技巧、非常柔性、非常正面、非常具有建设性的，不会伤害其他成员的感情

续 表

人际合商表现	具体描述
主动承担问题解决的责任	• 人际合商高的团队，团队成员都有很强的责任意识，也很愿意帮助他人分担责任，彼此在分担责任、互帮互助中建立信任 • 团队成员都不会互相推诿、互相指责、互相推卸责任
不存在对抗性的利益小团队	• 人际合商高的团队，即使规模再大，也不会存在凌驾于正式团队之上的小团队和小利益集团，更不会出现团队分裂，不存在各个利益团队相互不信任、相互攻击、不断冲突的现象 • 人际合商高的团队，即使有不少各种类型的非正式团队，但这些团队彼此之间，和大团队之间，是和谐共处，相互促进的

对于间接领导者而言，有哪些手段和方法能够提升团队的人际合商呢？有哪些策略和途径能提升团队成员之间的和谐程度、信任程度和协作程度呢？

如果我们用英文单词 FIT 来代表团队成员之间的和谐共处和融洽合作，那以 F、I 和 T 三个字母开头的三个英文词组，正好代表了间接领导者可以运用的提升和驱动团队人际合商的工具。

这三个工具分别是以 F 为首字母的 Fellowship with Complimentary Roles，即角色互补的伙伴关系，以 I 为首字母的 Informal Group Alliance，即非正式群体结盟，还有以 T 为首字母的 Trust Circle，即信任圈（见表 4 – 19）。

表 4 – 19　　驱动团队人际合商的 FIT 工具

工具名称	特征与作用
角色互补的伙伴关系（F）	为了让团队成员之间增进互信、彼此协作、关系融洽，间接领导者需要在选择团队成员时注意角色搭配，关注团队中角色的平衡，并定期通过角色的调整和补充来增进团队成员之间的伙伴关系，以提升团队的人际合商
非正式群体结盟（I）	具有一定规模的团队一定会存在各类非正式群体，这些非正式群体对成员有不少的影响力和约束力。因此，间接领导者需要很好地利用这些非正式群体的优势来提升凝聚力，同时也要利用非正式的沟通渠道来传播信任度

续　表

工具名称	特征与作用
信任圈（T）	间接领导者需要通过周围的人，把信任感逐步向外传递。间接领导者打造和组建以自己为核心的信任圈并不断扩大信任圈，并且借助信任圈中的人把信任感辐射给周围的人

二、角色互补的伙伴关系

《西游记》中，唐僧、孙悟空、沙僧、猪八戒去西天取经的故事，是大家耳熟能详的，许多人会被这个群体中四位性格各异、兴趣不同的人物所感染。人们不禁会诧异：这四个在各方面差异如此之大的人竟然能容在一个群体中，虽然刚开始有些磕磕碰碰，但逐步相互信任，相处得融洽，齐心合力，最后能历经重重磨难取得真经。

那么作为团队组建者和幕后领导者的观音菩萨，为什么会选择这四个人组成了一个取经团队，并委以重任呢？这四个人中，唐僧看似庸庸碌碌，但却是团队的灵魂，凝聚着师徒关系。而孙悟空则有前瞻性和执行力，很多问题的解决和实施都是靠他。猪八戒则负责探路，寻找信息，虽然不愿意干活，却极善于提出批评和建议。而沙僧呢，则是个老好人，经常劝劝架，说说好话，有工作让他做时，他想法不多，从不推脱。

一个包含角色迥异成员的团队，却能逐渐建立信任，同心协力，相信观音菩萨在选择时一定会有所考虑，而巧合的是，《西游记》团队成员的角色，正好吻合了团队八大角色的互补原则，团队八大角色如表 4 – 20 所示。

表 4 – 20　　　　团队八大角色

团队角色类型	特征/优点/缺点	对于团队的作用
实干者 IMP （Implementor）	• 特征：保守、顺从、务实可靠 • 优点：有组织能力、实践经验；工作勤奋；有自我约束力 • 缺点：缺乏灵活性；对没有把握的主意不感兴趣	• 把谈话与建议转换为实际步骤 • 考虑什么是行得通的，什么是行不通的 • 整理建议，使之与已经取得一致意见的计划和已有的系统相配合

续 表

团队角色类型	特征/优点/缺点	对于团队的作用
协调者 CO (Coordinator)	• 特征：沉着、自信、有控制局面的能力 • 优点：对各种有价值的意见不带偏见地兼容并蓄，看问题比较客观 • 缺点：在智能以及创造力方面并非超常	• 明确团队的目标和方向 • 选择需要决策的问题，并明确它们的先后顺序 • 帮助确定团队中的角色分工、责任和工作界限 • 总结团队的感受和成就，综合团队的建议
推进者 SH (Shaper)	• 特征：思维敏捷、开朗、主动探索 • 优点：有干劲，随时准备向传统、低效率、自我满足挑战 • 缺点：好激起争端，爱冲动，易急躁	• 寻找和发现团队讨论中可能的方案 • 使团队内的任务和目标成形 • 推动团队达成一致意见，并朝向决策行动
创新者 PL (Planter)	• 特征：有个性；思想深刻；不拘一格 • 优点：才华横溢；富有想象力；智慧，知识面广 • 缺点：高高在上；不重细节；不拘礼仪	• 提供建议，提出批评并有助于引出相反意见 • 对已经形成的行动方案提出新的看法
信息者 RI (Resource Investigator)	• 特征：性格外向；热情；好奇；联系广泛；消息灵通 • 优点：有广泛联系人的能力；不断探索新的事物；勇于迎接新的挑战 • 缺点：事过境迁，兴趣马上转移	• 提出建议，并引入外部信息 • 接触持有其他观点的个体或群体 • 参加磋商性质的活动
监督者 ME (Monitor Evaluator)	• 特征：清醒、理智、谨慎 • 优点：判断力强、分辨力强、讲求实际 • 缺点：缺乏鼓动和激发他人的能力；自己也不容易被别人鼓动和激发	• 分析问题和情景 • 对繁杂的材料予以简化，并澄清模糊不清的问题 • 对他人的判断和作用作出评价

续　表

团队角色类型	特征/优点/缺点	对于团队的作用
凝聚者 TW (Team Worker)	• 特征：擅长人际交往、温和、敏感 • 优点：有适应周围环境以及人的能力；能促进团队的合作 • 缺点：在危急时刻往往优柔寡断	• 给予他人支持，并帮助别人 • 打破讨论中的沉默 • 采取行动扭转或克服团队中的分歧
完美者 FI (Finisher)	• 特征：勤奋有序、认真、有紧迫感 • 优点：理想主义者、追求完美、持之以恒 • 缺点：常常拘泥于细节、容易焦虑、不洒脱	• 强调任务的目标要求和活动日程表 • 在方案中寻找并指出错误、遗漏和被忽视的内容 • 刺激其他人参加活动，并促使团队成员产生时间紧迫的感觉

从表 4-20 中可以看到，团队中包含着的八大角色对团队起着不同的作用，有这样一段话形象表明了八大角色的作用。

创新者首先提出观点；信息者从外面提供支持的武器；实干者开始运筹计划；推进者希望散会后尽快实施；协调者在想谁来执行合适；监督者这时开始泼冷水——这个事情如果要实施，可能会遇到什么问题和障碍，条件还不成熟等；完美者则注重细节，强调高标准，吹毛求疵，任何一个微小的问题都不放过；这样看来团队关系很紧张了，但没关系，凝聚者站出来润滑调节；这样一来，团队中的八大角色没有任何一个是无效的、没有用的。

再回过头来看《西游记》中的团队，唐僧起着凝聚和完善的作用，孙悟空起着创新和推进的作用，猪八戒起着信息和监督的作用，沙僧起着协调和实干的作用。

如果把这八大角色再次归类，或许会让间接领导者更清楚每个角色的导向。实干者、推进者和监督者这三个角色，提升了团队的行动力。协调者和凝聚者能提升团队的人际交往和沟通协作，而创新者、信息者和完美者，则为团队贡献了智慧和经验。

间接领导者可以通过观察分析，以及调查问卷的方式来大致测出团队每个成员所呈现的主要角色。

间接领导者把团队每个人的角色得分相加，就可以得到团队中整体的角色分配状况。具体的做法是建立一个坐标轴，横坐标指的是八大角色，纵坐标是每个角色的分数。八大角色就有八个点分布在坐标中，用线把这些点连在一起，可以看到团队的角色构成状况，图 4 －8 是某团队的构成状况。

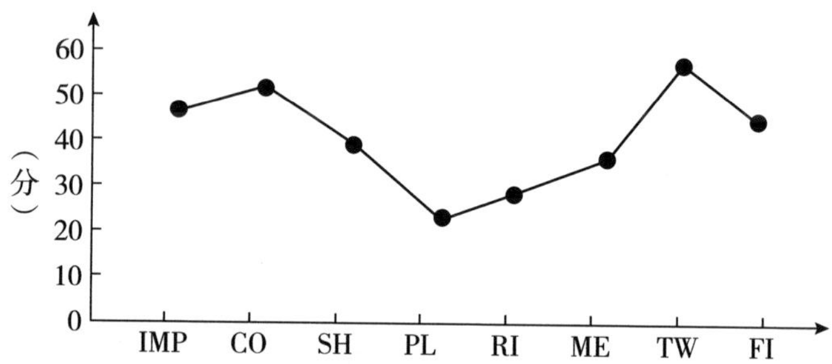

图 4 －8　某团队的构成状况

一个团队，每个角色之间应该相对均衡，一个配合恰当的团队，里面的曲线应该接近于直线，这样才说明团队的每一个角色是均衡的。

从图中可以看到，这个团队最大的优势是凝聚力分数较高。可以想象，这个团队当中的人际关系相对比较和谐。其次，这个团队的协调力比较强，人际协作比较出色。而明显的不足是创新不够，才 20 分。

团队中不能缺失任何角色，任何角色的缺失都会对团队产生负面影响：

（1）没有实干者的团队会显得比较乱，因为实干者的计划性很强。

（2）没有协调者的团队领导力会削弱，因为协调者除了权利性的领导力以外，更有一种个性的引力来帮助领导树立个人影响力。

（3）没有推进者的团队效率就不高。

（4）没有创新者的团队，思维就会受到局限，点子就匮乏。

（5）没有信息者的团队会比较封闭，因为不知道外界发生了什么事。

（6）没有监督者的团队会大起大落，做得好就大起，做得不好也没有人去挑刺，这样就大落。

（7）没有凝聚者的团队的人际关系会比较紧张，冲突的情形会更多一些。

（8）没有完美者的团队的线条会显得比较粗，因为完美者更注重的是品质、标准。

间接领导者在组建团队、选择成员时，就需要注意在团队中确保协调者和凝聚者的角色存在。而当间接领导者发现团队的凝聚力特别是人际关系糟糕时，则要重点评估凝聚者、协调者这两个角色是否缺失，是否需要补充新的成员进入（见图4－9）。

图4－9　协调者和凝聚者

团队当中有不同的角色，角色和角色间配合的时候，也会存在着若干问题，领导者需要对角色配合（见表4－21）加以注意。

表4－21　　角色配合

角色	上司		同事		下属	
	赏识	不赏识	配合	冲突	满意	不满
实干者 IMP	SH/PL/FI	IMP	CO/ME/RI/PL/FI	IMP/PL	TW	RI/PL
协调者 CO	SH/PL	TW	TW	SH	PL	SH
推进者 SH	CO/ME	IMP	RI/PL		TW/FI	CO/ME
创新者 PL	CO/TW	SH/IMP	CO/RI/TW	ME/PL/IMP	IMP/ME	SH/RI
信息者 RI	SH	FI	IMP/TW	FI	FI	SH

续 表

角色	上司		同事		下属	
	赏识	不赏识	配合	冲突	满意	不满
监督者 ME	CO	ME/SH	CO/IM	ME/FI	IMP	ME
凝聚者 TW	SH	TW	TW/PL	SH		SH
完美者 FI	RI/PL/SH	FI	IMP	RI	IMP	RI

创新者碰到协调者的上司，他们间的关系应该没有问题，因为协调者善于整合各种不同的人一起去达成目标；但如果创新者碰到实干者的上司往往不太理想，因为实干者喜欢做计划，不喜欢变化。

作为同事，创新者和凝聚者之间不会有问题，因为凝聚者擅长协调人际关系；但如果一个创新者碰到另一个创新者的同事，这时两人会围绕着各自的立场和观点展开争论，内耗也可能出现。

创新者的领导，如果碰到一个实干者的下属会很高兴，因为有人在把他具体的工作细节往前推，正好是一种互补；但要碰到一个推进者的下属，他们间的矛盾可能会激化。

两个完美者在一起，可能作为上司的完美者并不欣赏作为下属的完美者，因为完美者永远都觉得自己的标准是最高的，很难接受别人的标准；但完美者如果碰到实干者的同事，往往彼此间很欣赏；如果碰到一个信息者的上司，同事就会有一些冲突，因为信息者对于外界的新鲜事物接受很快，而完美者主张只有 100% 的把握才做，他们围绕着要不要采取新的方式和方法，总存在一些疑问。

因此，团队领导者需要在岗位分工和上下级人员选择时特别注意角色搭配，合适的角色搭配创造和谐互信的人际关系，而错误的角色搭配则会导致冲突。

【链接】

对下列问题的回答，可能在不同程度上描绘了您的行为。每题有八句话，请将十分分配给这八个句子。分配的原则是：最能体现您行为的句子分最高，以此类推。最极端的情况也可能是十分全部分配给其中的某一句话。请根据您的实际情况作答，并填入后面的表 4-22 中。

1. 我认为我能为团队做出的贡献是：

A. 我能很快地发现并把握住新的机遇。

B. 我能与各种类型的人一起合作共事。

C. 我生来就爱出主意。

D. 我的能力在于，一旦发现某些对实现集体目标很有价值的人，我就及时把他们推荐出来。

E. 我能把事情办成，这主要靠我个人的实力。

F. 如果最终能导致有益的结果，我愿面对暂时的冷遇。

G. 我通常能意识到什么是现实的，什么是可能的。

H. 在选择行动方案时，我能不带倾向性，也不带偏见地提出一个合理的替代方案。

2. 在团队中，我可能有的弱点是：

A. 如果会议没有得到很好的组织、控制和主持，我会感到不痛快。

B. 我容易对那些有高见而又没有适当地发表出来的人表现得过于宽容。

C. 只要集体在讨论新的观点，我总是说的太多。

D. 我的客观看法，使我很难与同事们打成一片。

E. 在一定要把事情办成的情况下，我有时使人感到特别强硬以至专断。

F. 可能由于我过分重视集体的气氛，我发现自己很难与众不同。

G. 我容易陷入突发的想象之中，而忘了正在进行的事情。

H. 我的同事认为我过分注意细节，总有不必要的担心，怕把事情搞糟。

3. 当我与其他人共同进行一项工作时：

A. 我有在不施加任何压力的情况下，去影响其他人的能力。

B. 我随时注意防止粗心和工作中的疏忽。

C. 我愿意施加压力以换取行动，确保会议不是在浪费时间或离题太远。

D. 在提出独到见解方面，我是数一数二的。

E. 对于与大家共同利益有关的积极建议我总是乐于支持的。

F. 我热衷寻求最新的思想和新的发展。

G. 我相信我的判断能力有助于做出正确的决策。

H. 我能使人放心的是，对那些最基本的工作，我都能组织得井井有条。

4. 我在工作团队中的特征是：

A. 我有兴趣更多地了解我的同事。

B. 我经常对别人的见解进行挑战或坚持自己的意见。

C. 在辩论中，我通常能找到论据去推翻那些不甚有理的主张。

D. 我认为，我有推动工作运转的才能。

E. 我不在意使自己太突出或出人意料。

F. 对承担的任何工作，我都能做到尽善尽美。

G. 我乐于与工作团队以外的人进行联系。

H. 尽管我对所有的观点都感兴趣，但这并不影响我在必要的时候下决心。

5. 在工作中我得到满足，因为：

A. 我喜欢分析情况，权衡所有可能的选择。

B. 我对寻找解决问题的可行方案感兴趣。

C. 我感到，我在促进良好的工作关系。

D. 我能对决策有强烈的影响。

E. 我能适应那些有新意的人。

F. 我能使人们在某项必要的行动上达成一致意见。

G. 我感到我的身上有一种能使我全身心地投入到工作中去的气质。

H. 我很高兴能找到一块可以发挥我想象力的天地。

6. 如果突然给我一件困难的工作，而且时间有限，人员不熟：

A. 在有新方案之前，我宁愿先躲进角落，拟定出一个摆脱困境的方案。

B. 我比较愿意与那些表现出积极态度的人一起工作。

C. 我会设想通过用人所长的方法来减轻工作负担。

D. 我天生的紧迫感，将有助于我们不会落在计划后面。

E. 我认为我能保持头脑冷静、富有条理地思考问题。

F. 尽管困难重重，我也能保证目标始终如一。

G. 如果集体工作没有进展，我会采取积极措施去推动。

H. 我愿意展开广泛的讨论，意在激发新思想，推动工作。

7. 对于那些在团队工作中或与周围人共事时所遇到的问题：

A. 我很容易对那些阻碍前进的人表现出不耐烦。

B. 别人可能批评我太重分析而缺少直觉。

C. 我有做好工作的愿望，能确保工作的持续进展。

D. 我常常容易产生厌烦感，需要一两个有激情的人使我振作起来。

E. 如果目标不明确，让我起步是很困难的。

F. 对于我遇到的复杂问题，我有时不善于加以解释和澄清。

G. 对于那些我不能做的事，我有意识地求助他人。

H. 当我与真正的对立面发生冲突时，我没有把握令对方理解我的观点。

表 4－22　　　　团队角色自我评价分析表

大题号		IMP		CO		SH		PL		RI		ME		TW		FI
1	G		D		F		C		A		H		B		E	
2	A		B		E		G		C		D		F		H	
3	H		A		C		D		F		G		E		B	
4	D		H		B		E		G		C		A		F	
5	B		F		D		H		E		A		C		G	
6	F		C		G		A		H		E		B		D	
7	E		G		A		F		D		B		H		C	
总计																
	实干者		协调者		推进者		创新者		信息者		监督者		凝聚者		完美者	

三、非正式群体结盟

【案例】

瑞博公司的人事主管徐经理很生气。公司的总经理廖总看到后，问：“发生了什么事?”

徐经理告诉廖总，公司对各大区的区域经理都进行了脱产培训，而培训的负面影响就是参加培训的区域经理因此成立了特定的非正式组织，并且与支持廖总的几个区域总监和事业部总监形成了对抗。

昨天，徐经理和这个非正式组织中的一名资深成员进行谈话，商谈廖总提出的新一年计划，而这位中层管理者表达了自己的不满，认为明年的计划中给予区域经理的自主权太小，支持太小，而且公司几位高层是外行管内行，下达的业绩指标不太合理。

这位资深成员从文件包中拿出一叠纸放在桌上说：“坦白地说，公司明年的计划有很多不太合理的地方，权限划分不够科学，我们区域经理的责任过大，而区域总监们却没有相应承担责任。”

徐经理对区域经理能够拿到这份机密文件，并代表所属的非正式组织与自己讨论公司的发展计划，惊讶得目瞪口呆！这份资料连自己都没有机会接触到。徐经理觉得不能再谈下去，就找借口终止了这次意外的谈话。

廖总听了以后，问道：“这些资料是怎么泄露出去的?”

徐经理回答：“只有管理发展部门才能拿到这份公司明年经营计划的详细资料，我很快就能把这个人找出来。我相信是部门的副经理 David，他上次正好也参加了培训，是这个非正式组织的活跃成员之一。”

“我刚刚把 David 叫到我的办公室，和他当面对质，他终于承认是他把这些资料透露给培训时的同僚。他对这件事情毫不内疚。他表示，公司中层有权知道公司的经营计划，并根据公司的发展计划决定个人的计划；其次，这些资料大家都很保密，只在有限的范围内流传，并没有给公司造成任何损失。廖总，我建议您立即将他调到其他部门，让他无法再拿到公司的机密文件。”

这时候，徐经理的手机响了，原来是那位区域经理来电要求与徐经理进行谈话。廖总决定与徐经理一起去。

一见面，这位区域经理就说：“刚才管理发展部的 David 告诉我，徐经理打算将他调离。我必须告诉你们，无论你们对他进行任何处理，我们都将认为他是为了我们而牺牲。”

徐经理反驳道：“我们仅仅是打算将他平调到销售部，这也是 David 一直要求的。这是公司的正常人事调动，与其他人没有任何关系。”

廖总说道：“公司无法保证机密文件的安全，这是我们无法容忍的。我打算召集公司所有的经理签署一个保密文件，以保证任何人都不能将有关资料泄露给任何人。”

这位区域经理平静地说：“如果这样的话，我们或许会研究新的对策。以往我们一直对所有的资料采取保密的政策，但这个政策是随时可以改变的。例如，公司在财务方面有一些问题，我们掌握着详细的资料。另外，美国一家食品厂正在筹建，需要大量的成熟工作人员，他们已经与我们有几次接触。如果公司对我们不公平，我们或许会集体辞职！”

廖总和徐经理回到办公室，他们的耳边不时响起对方威胁的声音，事情的严重程度已经远远超过了他们的想象。徐经理认为必须和那位区域经理摊牌，他说：“我们必须将他开除！”

廖总对于这个问题，一时也拿不定主意。在目前情况下，公司很难与这些中层管理人员角力；但是也不能妥协，默认非正式组织把持公司，默认公司的机密外泄。廖总必须确立自己的权威。

这个案例让我们感受到了团队中非正式群体的力量，一旦间接领导者忽视他们的存在，其对团队的和谐与信任潜在的破坏力是极其严重的。反过来，一旦间接领导者重视非正式群体的存在，学会利用和驾驭非正式群体，那对整个团队人际合商的提升是大有益处的。

同时，这个案例更让我们反思的是，一次培训所形成的非正式群体，本来应该是一个积极的、对正式组织起支持和辅助作用的群体。但由于缺乏及时的引导和规范，使这一群体成为对正式组织起极大破坏作用的隐患。

非正式群体是团队成员在活动中自发形成的，未经任何权力机构承认或批准而形成的群体。非正式群体的存在是基于人们社会交往的需要。在正式群体中，由于人们社会交往的需要，依照好恶感、心理相容与不相容等情感性关系，就会出现非正式群体。这种群体没有定员编制，没有固定的条文规范，因而往往不具有固定的形式，在团队中存在的一些“小集团”“小圈子”都属于非正式群体。正如案例中的非正式群体是来自参加同一个培训的区域经理们。

团队领导者如果不善于处理与非正式群体的关系，不懂得让非正式群体为自己所用，不理解非正式群体与正式组织之间的“双刃剑”关系，就无法实现真正意义上的团队和谐、团队信任和团队协作。

非正式群体的存在是客观的，既不能漠视、回避甚至限制取缔，也不能全面迎合与合作，而应根据非正式群体的不同类别采用不同的结盟与合作策略。

间接领导者可以从安全性和紧密度两方面来进行非正式群体的划分。这里所谓的安全性是与破坏性相对立的，凡是积极的、正面的、有益的活动都是安全的，比如满足成员归属感、安全感的需要，增强组织的凝聚力，有益于组织成员的沟通，有助于组织目标的实现等；凡是消极的、负面的、有害的都是危险的，比如抵制变革，滋生谣言，操纵群众，使高素质、高绩效员工流失等。所谓的紧密度是与松散度相对立的，凡是有固定成员、有活动计划、有固定领导而小道消息又特别多的，都是紧密度高的；相反则是紧密度低的。在具体评价中，我们可以将安全性和紧密度作为横向和纵向坐标，划出有四个区间的分类图（见图4－10），并将团队中的非正式群体分为以下四类。

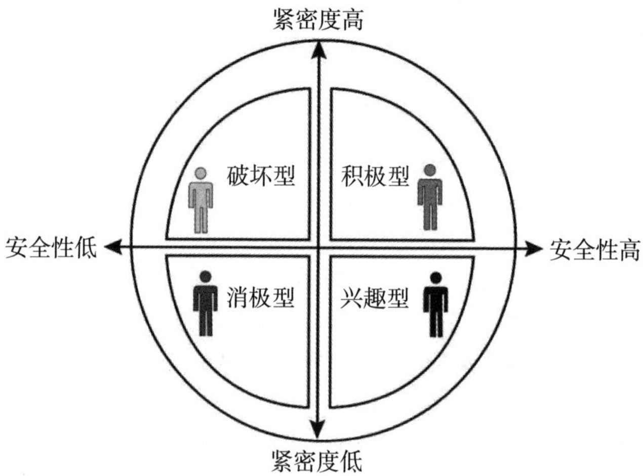

图4－10　四类非正式群体分类

（1）消极型：既不安全，也不紧密。这种非正式群体是内部没有一个得到全部成员认可的领袖，分为好几个小团体，每一个团体都有一个领袖，同时这些领袖并不认同正式组织，存在个人利益高于正式组织利益的思想。

（2）兴趣型：很安全，但不紧密。由于具有共同的兴趣、爱好而自发形成的团体，成员之间自娱自乐。

（3）破坏型：很紧密，但不安全。这种非正式组织形成一股足以和正式组织抗衡的力量，而且抗衡的目的是出于自身利益，为谋求团体利益而不惜损害正式组织利益。同时，非正式团体内部成员不接受正式组织的领导，而听从非正式团体内领袖的命令。

（4）积极型：既安全，又很紧密。一般出现在企业文化良好的企业，员工和企业的命运紧密地联系在一起。比如日本本田公司的QC小组，完全是自发成立，员工下班后聚到一起，一边喝咖啡，一边针对今天生产车间出现的生产问题和产品瑕疵畅所欲言，最后通过讨论找出解决问题的方法。

表4－23为四类非正式群体的结盟原则。

表 4－23　　　　四类非正式群体的结盟原则

非正式群体的类别	结盟原则
消极型非正式群体	对于消极型非正式群体，要找出有影响力的成员，谋求与他们的合作。间接领导者应对非正式群体中领袖的影响给予高度重视，积极谋求与他们在各个层面上进行有效沟通，使其理解和接受组织的目标
兴趣型非正式群体	对于兴趣型非正式群体，应理解其存在及立场，对其提供支持和帮助，为其成员提供自我表现和发展的机会，使他们在组织中也能得到需求满足，引导其群体的目标和价值观与组织的一致性，使他们慢慢向积极型群体转化
破坏型非正式群体	对于破坏型非正式群体，当教育、引导不能使其向有益于企业的方向发展的时候，对群体中极具破坏性的人物要坚决清除，使其接受应有的惩罚
积极型非正式群体	对于积极型非正式群体，要多给予支持、关心，以成为领导者在团队中的重要支持力量。在条件允许的情况下，要把积极型非正式群体的领导者转化成正式团队的管理者

对于间接领导者而言，虽然一般的非正式群体中很少存在破坏型的，但是如果出现一定的内外部诱因，那么消极型、兴趣型和积极型非正式群体都有可能迅速转化为破坏型非正式群体。作为间接领导者需要对组织内存在的诸多非正式群体有一个清晰的界定，包括它是哪一种类型的非正式群体，其领袖是否具备良好的道德素养和职业素质，这些非正式群体中的核心成员有没有企业高层领导。考虑到这些问题就可以比较好地为监控和处理好非正式群体的紧密化和危险化奠定基础。

非正式群体是一把双刃剑，间接领导者既能借用这些群体内部的凝聚力和信任度来促进团队的和谐与协作，又要防范这些非正式群体潜在的破坏力和冲突性。

结合大量的实际案例和经验，有五大实用战术可以帮助间接领导真正把这把双刃剑用好（见表 4－24）。

表 4 – 24　　非正式群体结盟的五大实用战术

五大实用战术	具体描述
招安战术	• 团队领导者可以借助和利用非正式群体领导人的威信和影响力，赋予其一定的正式职务，正式职位可以是实职，也可以是虚职。例如有些团队中设置了顾问、监督员、协调员等正式的虚职，其目的是引导和发挥非正式团队领袖的力量 • 团队领导者可以根据非正式群体的特点和需求，从组织层面确认其正式地位，从而既利用其凝聚力，又能避免其与正式团队利益的冲突。例如因为喜欢运动而聚在一起的非正式群体，可以正式成立团队的某某运动队，给予一定的经费补贴和鼓励
同化战术	• 团队领导者可以让非正式群体加入某些正式团体或者参加正式活动，从而逐步引导同化 • 领导者可以组织正式活动与非正式群体成员联谊，如各种舞会、联欢会、恳谈会等。可以举办各种专栏、有奖征文，开展合理化建议、体育比赛等，对他们的观点进行潜移默化，逐渐使其接近团队核心价值观直至相融
潜伏战术	• 团队领导者要特别注意非正式沟通渠道的影响力，要时刻通过一些关键人员关注和收集小道消息的传播动态。团队领导者需要部署几个核心下属“潜伏”在各个非正式群体中，一旦发现有不利的小道消息，则迅速在源头阶段汇报，快速确定公关方案，并同时开通正式沟通和非正式沟通渠道，来消除疑虑，以正视听 • 团队领导者更应利用小道消息这一正式沟通无法比拟的沟通渠道。小道消息和正式沟通比，传播速度非常快，更被团队成员乐于口口相传。因此，团队领导者要借用小道消息的强大力量，通过有意识地释放消息来进行传播，起到正式沟通无法起到的效果
渗透战术	• 间接领导者要能平易近人、放低自己，尽可能地多参与非正式组织的活动，以消除员工对他的顾虑和防备，这样才能使领导者更容易渗透到非正式群体中 • 当领导者成为非正式群体的成员，就可以施展个人影响力，逐渐使非正式群体的行为和利益与正式组织目标保持一致，更好地发挥非正式群体的积极作用，遏制消极作用的发生

续　表

五大实用战术	具体描述
创造战术	● 在很多时候，当正式的岗位设置和沟通渠道无法实现团队管理目标时，领导者还可以创造出一些非正式群体，如学习小组、兴趣班、文化沙龙、家庭聚会、周末游等 ● 领导者所创造的非正式群体，需要淡化行政的味道，淡化正式的身份，实现自我自发管理，这样才会让成员真正感受到价值和归属感

【案例】

针对公司各部门创新力不足，学习氛围不够的现状，通用电气公司在20世纪80年代创立了一个普通的“Work Out”（在外工作）的群体。这一群体仅仅是把各个职位及岗位的员工集中在一起——经理、秘书、工程师、生产线工人，有时还有客户和供应商，将他们集中到一个房间来集中讨论一个问题，然后，迅速并果断地对产生的最好的建议做出反应，而不论建议从何而来。这一简单的过程以及对于所散播的好点子的重视，现在成了通用公司文化的精髓。这反映在日常运营中通用电气公司业务部门之间及通用电气公司业务部门与其他公司之间持续进行的分享及学习。现在也有不少企业内各部门在良好合作关系基础上而即时召集非正式的开放型对话群体，比如通用电气公司的“Work Out”，看似无形，实则有形，背后蕴含着企业文化的价值链条，彰显着企业创新的核心价值观。

案例中，现有正式组织体制和机构设置不利于公司创新文化的推行和创造力的塑造，因此通用电气公司想到了利用非正式群体的效用。根据非正式群体结盟的五大实用战术，通用电气公司采用了创造战术，无中生有地培养了一个非正式群体，这一群体从最初被召集在一起开会讨论分享，到慢慢形成自我自发管理，逐渐带动了通用电气公司的创新文化和学习氛围，起到了正式部门和正式团队无法起到的作用。

和通用电气公司一样，很多著名的企业和优秀的领导者，都会想到创造非正式群体的方式来实现自己的领导目标和管理目的。不少企业的管理高层，哪怕日理万机，惜时如金，也会抽时间去和员工打球、吃饭、唱歌，以及参与各类活动，他们的目的是充分向团队内重要的非正式群体进行渗透，获得他们的信任和支持。而公关意识强的，沟通水平高的领导者，往往懂得利用潜伏战术来通过非正式渠道和非正式群体释放消息，传递信息，这样往往能起到正式沟通渠道不能达到的沟通目标。而对于团队中影响力特别大的非正式群体和非正式领导者，优秀的领导者往往采用招安战术和同化战术，一方面可以防范其对抗性和破坏性，另一方面可以充分发挥和利用其影响力为自己所用。

四、信任圈

【案例】

巨人集团破产后，史玉柱又站起来了。史玉柱的巨人集团所以会破产，直接原因在于巨人大厦。本来准备盖16层的大厦被史玉柱一次又一次地加高，以至于要盖到70层，最终导致巨人集团现金流发生困难，资不抵债申请破产。史玉柱本人的决策失误是根本性的原因。

然而在巨人集团倒掉之后，史玉柱将核心团队成员全部叫到黄山脚下的某宾馆，关起门来，让所有成员猛烈批评自己的错误，历时三天。史玉柱在此过程中深刻反省自己，其他团队成员也因此各自反省本人哪里做得不够，哪里可以做得更好。

史玉柱回顾往昔，感慨万千。正是那个阶段的自我反思，使他和核心追随者建立了深厚的感情和信任。史玉柱脑白金事业和征途网络事业的核心高管都是在他最低潮的时候对他不离不弃的人，现在成了他的左膀右臂。

史玉柱的成与败，除了其本人的个性与魄力外，另一个不可忽视的因素便是团队的信任。他一意孤行地加高巨人大厦，让他的团队对其逐渐失去信任，团队成员之间的信任也土崩瓦解。

巨人集团倒闭后，他却能在极短的时间内和他的核心成员建立牢不可破的信任关系，这种信任关系不仅让他在脑白金项目和征途游戏项目上拥有足可信赖的将帅之才，同时也让他的影响力和个人魅力通过这些核心人员在整个公司弥漫扩散，形成了他所属团队极大的凝聚力和战斗力。

【案例】

一位心理学教授组织自己的学生做救助实验。他让学生站成两排，前面一排学生背对着后一排同学，后一排的同学做好救助准备，待他喊“开始”后，前一排的同学就往后一排相对位置的同学身上倒。结果，大部分前排同学按照教授的指令，身子一点点慢慢地向后倾斜，暗自掌握着身体的平衡，没有完全把自己“撂倒”在后排同学的身上。

后排的同学本来已经拉开架势准备接应，可由于前排同学送过来的重量太轻，他们只好扫兴地用手轻触一下对方的衣服就算完事。只有一位男生听到教授的指令后，紧闭双眼真的向后倒去。他后排的“救助者”是一位瘦小的女生，当她感到这位男生毫不掺假地倒过来时，先是一怔，接着就倾尽全力去扶，虽有些力不从心，但仍顽强地撑起了男生。

心理学教授的救助实验表明，信赖他人能够给被信赖者注入一种巨大力量，就像那位女生，虽然弱不禁风，却可以撑起一个虎背熊腰的男生。

作为间接领导者，面对人数众多的大团队，面对大团队中怀着不同目的和不同特点的小团队，面对大团队中不同的利益部门以及很多隐藏的非正式群体，如果不能让信任度在整个团队中形成和扩散，那领导者的诸多计划、策略、思想和观念将因为缺乏充分信任的沟通管道而“走样”，同时团队成员之间的内耗成本和协作成本将大大损害团队的效率和绩效表现。因此，间接领导者必须要在团队中建立信任，而美国西点军校原首席战略官唐尼索恩博士所推崇的建立信任圈，值得推荐和借鉴。信任圈如图 4 – 11 所示。

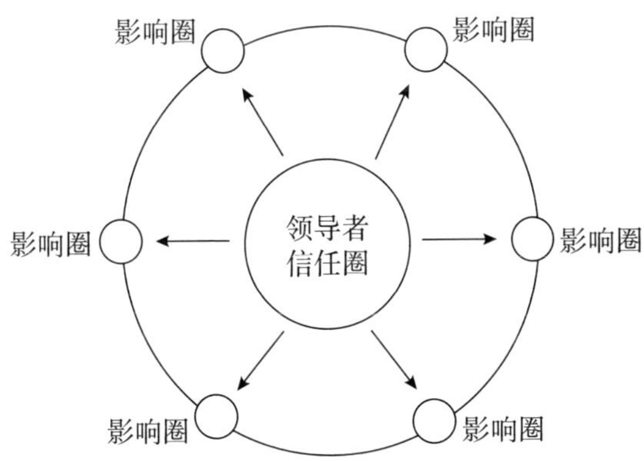

图 4 – 11　信任圈

信任圈就是团队领导者从团队的核心人员开始，在正式和非正式场合，运用多种沟通交往形式，和他们逐步提升信任度和信任关系，并且逐步吸收新的成员进入以不断扩大信任圈。

领导者通过这些信任圈中的核心人员来影响他们周围的人，从而把信任关系辐射和传递到团队中的每个人。

换言之，组织和团队正式的职位分工和沟通渠道，可以传递政策、规范、制度、要求等基本信息，但有可能无法有效地传递信任。而信任圈就是间接领导者自己组建和设计的，能有效传递和建立信任感的，能有效对外辐射信任感的管道和通道。

间接领导者除了理解信任圈的原理和作用之外，还需要把握好信任圈建立和使用的四大关键环节，分别是信任圈的有效组建、稳定扩张、对外辐射以及定期评估（见表4－25）。

表4－25　　信任圈的原理及四大关键环节

原理	信任圈就是团队领导者以自己为核心，通过各种正式和非正式的交往活动和沟通方式，在周围建立一个相互信任、彼此默契的群体。领导者稳定持续地扩大这一相互信任的群体，并且通过这一群体中的成员向团队中的其他人去辐射和传播信任度
有效组建	团队领导者组建信任圈，可以从小到大，不需要一步到位。团队领导者在组建信任圈时，对信任圈最初的成员选择，可以根据以下影响人际交往紧密程度的因素来选择：空间距离的远近。团队领导者可选择空间距离上和自己比较近的，在信任圈的各种交往和活动中存在时空便利性的成员先开始加入信任圈 交往的频率。团队领导者可选择日常工作和生活上和自己交往频率比较高的团队成员先加入信任圈，因为交往频率和信任度高低有密切关系 态度的相似性。团队领导者一定要选择那些价值观相似，态度相同的人首先进入信任圈。信任圈的第一批成员一定要在价值观上互相认同，这样才能快速建立彼此的高度信任 需要的互补性。信任圈的每个成员都有自己的需求，来自工作、学习、资源、兴趣等各个方面。如果信任圈能让这些成员互相满足彼此需求，能互相支持，那信任圈就更稳定，更具有吸引力
稳定扩张	团队领导者在建立了小规模的核心信任圈之后需要逐步把信任圈扩大。信任圈的扩大，可以采取核心成员推荐，全体成员评估的方式，成熟一个，吸纳一个，稳定一个，宁缺毋滥

续　表

对外辐射	信任圈中的每个成员，肩负着向周围成员辐射信任感的使命。团队领导者在信任圈中的每次活动、每次交流、每次沟通之后，都需要信任圈成员把心得、体会、收获等通过各种形式去传递给周围的人
定期评估	团队领导者要定期评估信任圈中成员的彼此信任度，并且评估每个信任圈成员向其周边成员传播信任度的效果和进展

间接领导者要特别注意，在组建信任圈的过程中，一定要控制速度和规模，切不可求大求快，好大喜功。因为信任圈不仅是一个由人组织的圈子，更是一个由相互信任的人组成的圈子。如果间接领导者在组建和扩张环节未能有效控制，造成因人数的增加导致信任度的降低，造成因规模的扩大导致冲突的产生，那整个信任圈很快会因为缺乏信任感而土崩瓦解。

在信任圈建立和发展过程中，哪些因素会影响信任圈的效果呢？哪些因素会决定信任圈成员彼此的相互信任呢？

有三大法则可以帮助间接领导者来建立稳定、和谐、互信的信任圈（见图4－12）。

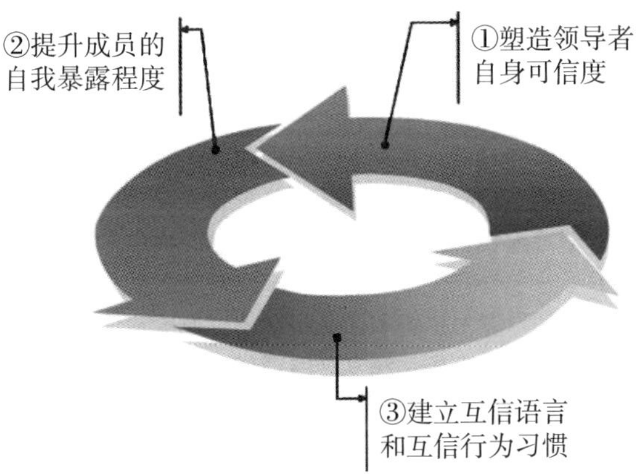

图4－12　建立信任圈的三大法则

首先，间接领导者是信任圈的核心和原点，因此领导者自身的可信度对信任圈发展的效果是至关重要的。因此，第一个法则就是：塑造领导者自身可信度。

其次，信任圈成员之间如果不能“卸下面具”，不能开放交流，建立信任感是很难的，领导者需要鼓励信任圈成员自我开放和自我暴露。因此，第二个法则就是：提升成员的自我暴露程度。

最后，领导者需要在信任圈成员中形成有利于传播信任的行为习惯和语言习惯，让互相信任与和谐互助体现在具体的言谈举止和行为动作中。因此，第三个法则就是：建立互信语言和互信行为习惯。

1. 建立信任圈法则之一：塑造领导者自身可信度

领导者本身就是信任圈能否顺利形成的核心因素。在信任圈中领导者就如同太阳一样，需要把自己的可信度如温暖的阳光般照耀到圈内的每个人。领导者的可信度是一种可贵的品质，这一品质的形成有五大来源（见表4－26）。

表4－26　领导者可信度的五大来源

领导者可信度来源	具体描述
正直性（Integrity）	领导者的正直、诚实、率真、坦诚，是赢得团队其他成员信赖的重要因素。任何领导者不诚实的行为都将大大削弱其可信度
能力（Competence）	领导者的能力和专业实力，能让团队成员产生信赖和依赖，是信任度的重要来源，特别是那些技术和专业要求比较高的团队
一致性（Consistency）	领导者言行举止的一致性能给团队成员安全感，言行不一或者朝令夕改都会使团队成员感到不安和戒备。优秀的领导者即便再困难，付出再大的代价，都会恪守自己的承诺
责任感（Responsibility）	领导者对组织和团队目标的忠诚度、使命感和责任感，对团队成员个人成长和发展的责任心，都会让信任圈的人愿意发自内心地追随
开放性（Openness）	领导者具有开放的心态，愿意和他人交换思想，坦诚沟通，会让团队成员放下戒备，促进互信

以“ICCRO”为代号的领导者可信度五大来源，为间接领导者指明了如何通过提升自我修养和道德品质来赢得下属和他人信任的方向。作为信任圈的中心，领导者所展示的可信度为信任圈的建立与发展提供持续的能量和动力，一旦领导者失去可信度，信任圈很快会分崩离析。

2. 建立信任圈法则之二：提升成员的自我暴露程度

美国心理学家乔和韩瑞提出关于人际交往的窗口理论，被称为乔韩视窗理论。他们认为个体在和他人交往的过程中，根据自我认知和他人对自己的认知，可分为四个部分：自己和他人都熟悉的区域，即开放的自我，他人知道自己不知道的区别，即盲目的自我；自己知道但他人不知道的区域，即秘密的自我；自己和他人不知道的区域，即未知的自我（见图 4－13）。

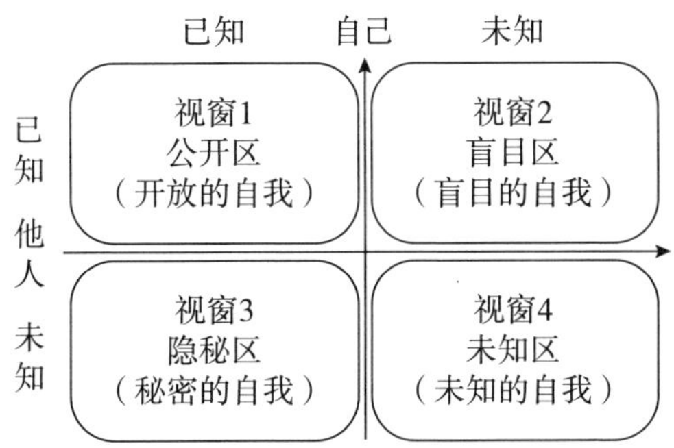

图 4－13　乔韩视窗

乔韩视窗对信任圈建立和发展的重要借鉴意义在于，团队领导者要尽量让信任圈成员尽可能开放视窗 3，即隐秘区。

团队成员之间的隐秘区越大，意味着自我防卫越大，信任度越低。而间接领导者需要通过信任圈的各类活动，例如家庭聚会、学习沙龙等，让团队成员逐步开放隐秘区，把隐秘区变成公开区。

这里有一个重要的心理学原则可以被间接领导者运用，那就是自我暴露，即团队成员愿意向他人暴露那些一般不愿意和人分享的秘密、缺点、错误等。当团队成员愿意更多地相互自我暴露，那成员之间的安全感越强，亲密度越紧，信任度越高。

间接领导者首先要带头自我暴露，把一些不为人知的，甚至是不光彩的事情主动拿出来分享，并带头形成一种风气。团队成员之间的自我暴露程度，是衡量其信任度的重要标志。

大量的范例表明，那些善于自我“揭短”，经常自嘲，愿意放低自己的领导者，更能赢得团队成员的信赖、尊敬和跟随。

3. 建立信任圈法则之三：建立互信语言和互信行为习惯

领导者所期望建立的信任圈，希望产生的信赖度及合作度，不仅需要存在于成员的思想里，更需要通过其言谈举止体现出来，因为只有行为的体现才能让他人感受到，才能影响和带动更多的人。

间接领导者可以积极运用鲍雷夫法则（见表4－27），让每个团队成员深刻认同和体会鲍雷夫法则的八条金科玉律，让这八条建议成为信任圈成员的行为习惯，让这八句话成为信任圈成员的语言习惯和行为习惯。

表4－27　　　　鲍雷夫法则

八条金科玉律	具体解释
最重要的八个字是："我承认我犯过错误"	"我承认我犯过错误"这八个字是一种积极的自我暴露，是通过放下自己的防备让对方放下防备。这八个字培养了人际交往中豁达、坦诚、包容的心态
最重要的七个字是："你干了一件好事"	"你干了一件好事"这七个字是在鼓励他人，是在认可别人，是在把荣誉给对方，是在激励对方做得更好。这七个字能让对方有强烈的意愿做得更好
最重要的六个字是："你的看法如何"	"你的看法如何"表达了对对方的尊重和认可，表达了交流和分享的意愿，这六个字会让双方积极、坦诚的交流提升数倍
最重要的五个字是："我们一起干"	"我们一起干"表达了合作的愿望，表达了同舟共济的期待，表达了对对方的信任，表达了成为拍档和伙伴的意愿
最重要的四个字是："不妨试试"	"不妨试试"这四个字表明了对他人的信赖和信心，在团队合作中，要更多一些这样的信赖和鼓励。不要打击别人，要多鼓励他人，给别人信心
最重要的三个字是："谢谢您"	"谢谢您"似乎是日常生活中习惯性的礼貌用语，然而，如何说出这个礼貌用语却是一件相当有艺术的事，常怀感恩的心态，常常对别人的细小的关心和帮助表达感激
最重要的两个字是："我们"	时刻牢记你是在与人合作，不管什么事情都不要独断专行。"我们"就是要有整体的观念
最重要的一个字："您"	要时刻牢记尊重你的合作伙伴！"您"而不是你，这就是尊重

间接领导者需要让信任圈中的成员去掌握鲍雷夫法则的用语，其本质和用意并不仅仅在于改变其语言习惯，更要把塑造信任度、赢得他人信任、建立和谐人际关系的意识和习惯刻入其大脑，深入其潜意识。很多想法、理念、观念之所以仅仅停留在知道层面而无法提升到做到层面，关键在于缺乏具体的语言符号和行为符号，而鲍雷夫法则就是这种可以被运用建立信任的符号。

更为重要的是，信任圈中的成员，承载着影响周围人、向四周传递信任感的使命。而传递和建立信任的过程，不能仅仅靠一些枯燥苍白的想法和观点，更要靠具体的言行举止，更要靠可以看得到、听得到的外在展示，更要看言语之间细节的体现。

第五章

从间接领导者向组织决策领导者升级

【案例】

雷霆是一家本土企业的CEO，经过十多年的打拼，企业逐步进入了稳定发展期。在公司内部，雷霆是说一不二的家长，企业内部规章制度严谨，纪律严明，很多老部下也很信服雷霆的能力和魄力，认可他的人格魅力，因此尽心辅佐和追随。为了进一步扩大市场份额，做大企业，雷霆最近用巨资收购了自己最大的竞争对手，并且在过去一年内完成了产品、人员、组织结构和流程的整合，雷霆希望这次收购能为儿子雷俊的顺利接班提供一个极好的考验和历练。

雷霆的儿子雷俊很早就被送到国外读MBA（工商管理硕士），最近才进公司，很快被提拔到执行副总经理的职位。公司上下虽有不少意见，但看在雷霆的面子上，大家有想法也不表露，这让雷霆误以为大家都认可他的做法。两家公司合并后，市场份额大幅度提升，但内部出现的很多问题也让雷霆感到措手不及。由于两家公司的企业文化、价值观和管理方式有很大的不同，因此合并后公司管理层相互之间极不信任，时常发生冲突。而雷家父子始终认为这是合并后的正常现象，而且毕竟合并后市场优势明显，他们不想改变现有的管理形式和领导方式，希望合并后的新公司还能继续采用合并前的管理模式。

但事情的恶化程度大大超出了雷霆的预期。公司内部的利益团体开始出现，两家公司的原有人员争斗得非常厉害，甚至连开一次管理会议都难以达成共识。雷霆父子虽然感觉到了问题的严重性，但依然不想采取大刀阔斧的改变。直到管理会议上两派的核心人员开始逼迫雷俊表态，直到公司内部发生了公开的争斗辱骂，直到部分老下属直接找到雷霆说自己不想干下去了，雷氏父子才认识到问题的严重性。

雷霆为此连急带累，生病住院了。而在公司主持日常事务的雷俊，只得到处救火。但因为他缺乏足够的一线管理经验，根本不是那帮“老江湖”的对手，于是一个个皮球又被踢到雷霆那里。雷霆这才发现，那个平时意气风发的儿子，关键时候根本“不顶用”。

于是雷霆抱病复出，他还是沿用以往的决策习惯，和一个个老下属私下沟通，综合意见。但来自竞争对手那边的管理者却不买账，他们觉得这样不够透明，要求开大会，就这个问题公开交流，公开辩论，当场做决定。面对这个从未经历过的沟通和决策形式，雷霆真的有些不知所措了。

雷霆作为一家企业的 CEO，他的角色不仅是一个大团队的领导者，更是整个企业、整个组织的领导者。他所管辖的组织不再是附属于企业的某个团队，而是一个在商海中独立航行、独立经历风浪、独立决定方向的企业。

在过去十多年中，雷霆以身作则的行为表率和良好的个人品德赢得了下属的追随，然而，这个案例向我们揭示的，却是雷霆的很多潜在问题，这些问题集中到一点，印证了雷霆或许并非是一个合格的组织决策领导者，因为雷霆在企业发展的过程中，没有把控好作为组织决策领导力的“2 +1 模式”。而这“2 +1 模式”中的“2”代是指组织决策领导力的两大核心，即打造企业领导力供给线和打造权变的组织决策模式，而“2 +1 模式”中的“1”代是指组织决策领导力的一个大局观，即基于组织发展阶段的领导行为模式（见图 5 -1、表 5 -1）。

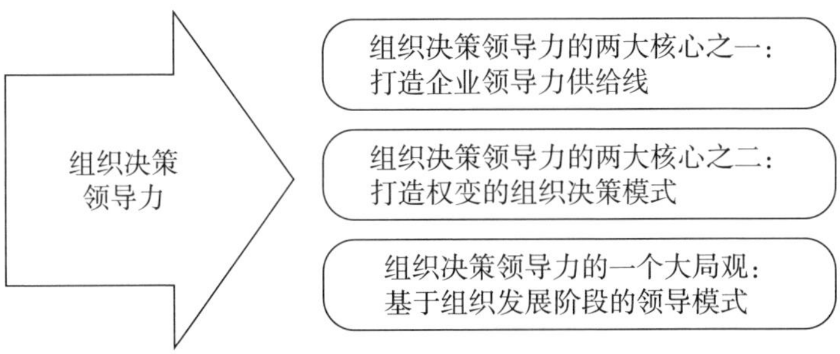

图 5 -1　组织决策领导力的两大核心和一个大局观

表 5 -1　　组织决策领导力的“2 +1 模式”

组织决策领导力的“2 +1 模式”	特征与作用
组织决策领导力的两大核心之一：打造企业领导力供给线	• 作为企业高层的组织决策领导者，在把自己打造成优秀领导者的同时，更应该把焦点转移到如何培养组织中更多优秀的领导者，如何让组织的领导者团队具有“板凳深度”，如何让组织中领导者人才资源形成源源不断输送的供给线等关键任务上 • 组织决策领导者的一个核心任务和关键职能，便是打造组织的领导力供给线，让组织的领导者人才在各个层面都得到充分的储备

续 表

组织决策领导力的“2+1模式”	特征与作用
组织决策领导力的两大核心之二：打造权变的组织决策模式	• 组织决策领导者处于整个组织金字塔的塔尖，因此其所做的决策往往与整个组织的命运休戚相关，其决策风格与决策能力成为其领导力的关键指标 • 对于位高权重的组织决策领导者而言，应该避免单一的决策模式，培养和发展根据不同情形采用不同决策形式的权变组织决策模式
组织决策领导力的一个大局观：基于组织发展阶段的领导模式	• 对于组织决策领导者而言，应该把眼光从对下属、对部门、对团队具体事务和人员的管理进一步升级到对整个组织发展阶段的诊断、评估和情境式领导上，这就是组织决策领导者应该具备的领导力大局观 • 任何组织都是在动态发展中的，因而组织决策领导者需要站在整个组织的全局高度，敏锐地评估整个组织所处发展阶段的特征以及对领导力的要求，以便针对性地采用不同的领导方式，扮演不同的领导角色

我们回过头再来分析雷霆作为组织决策领导者的表现和水平。

首先，雷霆没有未雨绸缪地为企业各关键岗位培养合适的领导者接班人。对于儿子雷俊，他根本没有进行系统性的培养和锻炼，而是用揠苗助长的方式人为地将其拉上了副总的职位。而公司几个关键岗位的下属以辞职要挟更让雷霆惶恐不已，因为他根本没有合适的人选马上可以顶上去。从这个意义上来说，一旦公司关键岗位人员发生变动，对公司的打击是摧毁性的。

其次，雷俊在面对来自竞争对手那边的管理层提出的当众讨论交流的决策方式时有些不知所措，这反映出他作为企业组织决策领导者，之前的决策方式过于单一。单一的决策方式不仅蕴含着巨大的决策风险，更会对下属的士气和参与度产生重大影响。即便雷霆过去的决策方式被证明是行之有效的，但随着公司结构的变化、决策参与对象的变化和信任度的变化，单一的决策模式必然隐藏着种种危机和问题。

最后，雷霆缺乏组织决策领导者应有的大局观。他应该敏锐地诊断出自己企业在组织发展阶段上的变化。过去多年企业稳定和持续的经营发展，让雷霆过于放松和自信，他认为自己的企业已经进入了稳定、和谐、互信的高效阶段，并且这不会因为合并而产生本质改变。

而事实却恰恰相反，这次合并使得组织的流程、目标和机制发生重大的变化，企业管理层和员工因这次合并而带来的冲突、消极、抵触、抗争等，已经让雷霆所属企业的组织发展阶段从高效阶段经过一个极其短暂的形成阶段，迅速进入风暴阶段。而在风暴阶段，雷霆沿用授权式的领导模式显然是不合适的，会纵容事态走向失控。

第一节 组织决策领导力的两大核心

一、打造企业领导力供给线

作为企业高层的组织决策领导者，在把自己打造成优秀领导者的同时，更应该把焦点转移到如何培养组织中更多的优秀领导者，如何让组织的领导者团队具有“板凳深度”，如何让组织中领导者人才资源形成源源不断输送的供给线，这直接关系到组织的稳定持续发展，直接关系到企业的长治久安和基业长青。

因此，组织决策领导力的两大核心之一，便是打造企业领导力供给线，让组织的领导者人才在各个层面都得到充分的储备。

【案例】

周伟焜就任 IBM 大中华区董事长兼首席执行总裁后，就着手把国外在领导者培养方面的成熟体系引进中国。周伟焜要求主管级以上员工将培养手下员工作为自己业绩的一部分。每个主管级以上员工在上任伊始，都有一个硬性目标，确定自己的位置在一两年内由谁接任，三四年内谁来接，甚至你突然离开了，谁可以接替你，以此发掘出一批有才能的人。公司有意让潜在领导者们知道公司发现了他们并重视他们的价值，然后为他们提供指导和各种各样的历练机会，让他们有能力承担更高的职责。这在 IBM 被形象地称为“长板凳计划”。

每年 2 月，IBM 中国会要求每一个重要职位都提供出他的接班人，第一期是谁，第二期是谁，然后人力资源部的负责人会和 IBM 中国的 CEO 一起，结合 IBM 其他区域甚至总部的接班人计划，来决定接班人在新的一年内的培养计划，作为未来升迁的考虑和依据。“如果你培养不出你的接班人，你就一直待在这个位置上好了，你上不去也走不了，因为这是一个水涨船高的过程，你手下的人好，你才会更好。”

“长板凳计划”实际上是一个完整的组织领导力供给线打造计划。由于接班人的成长关系到自己的未来，所以主管以上的员工会尽力培养接班人，帮助同事成长。这些接班人并不一定会去接某个位置，但由此形成的接班群，令员工看到了职业前途，自然会坚定不移地向上发展。

“任何一个人如果选择了 IBM 作为他的职业生涯的话，我们有一个管道，可以通过一个‘新人→专业人员→领导人→新时代的开创者’的人才梯队培养模式，让新人变成专业人员，变成一个领导人，变成一个新时代的开创者。在这个过程中，我们会不断发掘‘明日之星’。”IBM 人力资源总监郭希文说。

发掘“明日之星”是实施“长板凳计划”的重要一环。郭希文介绍说，开始的时候，IBM 会发掘公司每个人的“DNA”（基因），用二八法则挑选“明日之星”，即 20% 的人被公司挑选出来。被选中的“明日之星”需要参加特殊的培育计划，强化他们的“DNA”。IBM 的做法是，为他们寻找良师益友或者进行轮岗。此外，IBM 还设有专业学院，培养员工在专业方面的素质和技能。培训了 20% 的员工，80% 的员工也会慢慢动起来。

IBM 人力资源部为这些“明日之星”提供的良师益友就是公司里的资深员工，可以是在国内，也可以是在国外，有些类似国内工厂里的老师傅传帮带新人，把老人数十年的功力传承下来。而工作轮调计划，可以使接班人的视野更高、更宽一些。IBM 亚太区副总裁范宇，就是接班人计划中成功调任的经典例子之一。公司曾经送范宇到美国工作一年，学习如何把全球的资源和经验带到中国公司来，如何把中国公司呈现给世界，从而领导变革，带领 IBM 继续领先前行。

如果“明日之星”的“DNA”需要用另一种工作去擦亮，这时候 IBM 就会给他提供“换跑道”的机会。IBM 大中华区政府与公共事业部总经理李清平，在进入 IBM 之初是工程师，主要负责机器的维护，后来公司发现他有与人打交道特质，于是就把他作为一个“明日之星”放在了政府与公共事业部，目前他已经执掌了该部门。

IBM 对于人才梯队的培养可谓不遗余力。在 IBM 中国公司，每个员工人均每年的培训费用在 3000 美元左右。当然，这还不包括公司内部良师益友的付出。周伟焜作为 IBM 大中华区董事长兼首席执行总裁，肩负起了一个组织决策领导者应该履行的重要任务，那就是为公司建立起一个领导者培养的系统和体系，为 IBM 大中华区打造领导力供给线。而 IBM 的领导力供给计划也体现了一家基业长青的著名跨国企业的高瞻远瞩眼光和未雨绸缪意识。

从 IBM 和周伟焜体系化地培养各级接班人的计划和行动中，我们可以汲取经验，并感受和领悟到打造领导力供给线的方法和途径。

与 IBM 的高瞻远瞩不同，很多企业的组织决策领导者还停留在个人魅力领导和个人崇拜领导的阶段，因此一旦关键岗位领导者发生流失和变动，或身体健康不允许全力工作，整个组织就会面临动荡甚至崩溃。王安电脑曾经是全球红极一时的品牌，其创始人王安曾被列为美国第五大富豪，成为华人世界的奇迹。然而，他钦定的接班人最后成了公司的掘墓人，将自己一手缔造的企业帝国在不到六年的时间就推到破产的边缘。类似的现象，沉浮于商业江湖的领导者们见得实在太多了。

企业要想成为稳健、持续、能经历风浪的“百年老店”，必须后继有人，而且不仅仅是总裁的接班人，还需要一大批能征善战的人才随时可以被任命为独当一面的将帅。曾经轰轰烈烈的巨人集团，在极度扩张时，没有人认为它的大厦会转瞬塌陷。同样，当不可一世的吴氏父子气概冲天，高喊要将三株的红旗插遍全中国每一个村落时，也没有料想到有朝一日会陨落。明星企业的陨落，可能有无数个因素，如战略失误、危机应对不力、资金链断裂等，但是有一条是不容置疑的，就是后备领导层的断裂。与其说这些企业是败在战略、资金或其他上，不如说是败在缺乏卓有成效的领导层储备人才发展上。如三株，随着区域市场遍地开花，无法源源不断输送管理人员，到后来只好将开货车的司机派到“前线”做主管。就好比一个新兵，还没有经过训练就直接被送上战场一样，结果只会成为“炮灰”。

曾有专家用五句话来形容目前国内企业领导者储备人才发展方面存在的五大危机（见表 5－2）。

表 5－2 企业领导者人才储备发展方面存在的五大危机

五大危机	具体解释
“前不见古人，后不见来者。”	很多企业的组织决策领导者，其培养接班人意识和储备领导人才发展规划滞后，缺乏危机感
“蜀中无大将，矮子头上选将军。”	由于缺乏前瞻性的培养和储备，不少领导岗位的接班人临时受命，缺乏足够的胜任领导岗位的能力和素养
“合久必分。”	由于缺乏足够的考察、磨合和协作，企业领导岗位的接班人在上任后彼此冲突，导致分裂

续　表

五大危机	具体解释
“山雨忽来，群龙无首。”	企业的高管人才，由于各种原因突然缺位，导致组织无法顺利运转，而合格的继任者又难以快速到位，产生了极大的危机
“退而不休，垂帘听政。”	企业的领导层缺乏流动机制，有潜力的领导人才缺乏上升通道，无法形成有利于潜在领导人才脱颖而出的环境

【案例】

娃哈哈集团董事长兼总经理宗庆后曾经面临过无人可选的尴尬局面。宗庆后不可能不知道没有接班人的危机，但又是什么原因让他找不到接班人呢？

了解娃哈哈的人都知道，娃哈哈是中国人治式管理的一个极致样板，多年来形成了一套超级扁平而又绝对集权的管理构架：不设置副总，总裁之下直接就是中层干部。据说在每天早晨上班之前，宗庆后的办公室前都会排一个长队——等着签字报销的人。

这样做的好处是全公司上下齐心，有凝聚力，但也很容易将领导人个人危机变成了企业的整体危机。从公司的长远发展来说，就面临一个问题，以后谁来坐这个位置了，谁还有这样的威信呢？没有这样威信的接班人能接手娃哈哈吗？何况岁月不饶人。后继无人怎么办？这些问号将决定娃哈哈未来的命运。

中国有句古话：“凡事预则立，不预则废。”所以接班人的选择和培养宜早不宜迟。通用电气公司的前 CEO 雷吉・琼斯花了 3 年时间观察，最后才从 3 个候选人中挑中了杰克・韦尔奇，又用 2 年时间创造条件“定向培养”。虽然韦尔奇本人 2001 年才退休，但斟酌挑选下一个 CEO 的工作也足足用了 7 年的时间。一些管理学者建议，现任 CEO 或家族企业所有者最起码要在他们准备退休前 4 年就应着手有步骤地实施接班计划。雀巢前 CEO 包必达甚至表示，他从上任第一天开始就着手培养接班人了。

国内其实也不乏交接班成功的案例。方太集团的创始人茅理翔和儿子茅忠群的权力交接是业内比较成功的一个案例。茅理翔的接班理论是带三年、帮三年、看三年，早在交班前的七八年，他就开始对儿子进行培训和教育，使其尽早独当一面。

所以打造企业领导力供给线是指企业和其他组织的高层领导者，为保证政策的连续性和经营的可持续性，确定和持续追踪关键岗位的高潜能人才，并对这些高潜能人才进行开发的过程。高潜能人才是指那些公司相信他们具有胜任更高一级管理位置潜力的人。组织决策领导者用心打造企业领导力供给线的重要意义在于：

第一，引导公司高层管理者运用规范化的方法盘点、评估组织内部的领导人才，创建领导者人才库，培养更多将来的企业各级管理人员。

第二，为公司员工提供在高级管理者面前表现自己的机会，搭建职业发展体系。

第三，保持管理人员的忠诚度、对企业的承诺和良好的绩效。

对组织决策领导者而言，企业领导力供给线和接班人计划所涉及的职位，不仅包含核心决策高层，也包含各事业部和子公司的负责人、各职能部门的负责人，甚至包含中基层主管等。公司的各级领导人才储备齐全、高效，对于公司政策的连续性、文化的连续性具有重要意义。

打造企业领导力供给线对很多中国企业的组织决策领导者而言或许是一个较新的议题，却是他们作为高层领导者不可或缺的任务，甚至是关系到组织和企业未来命运与前途的重大事项。

从国外的例子来看，大多数成功企业之所以在市场竞争中遥遥领先对手，是因为企业领导力供给线的打造扮演了非常重要的角色，它能帮助企业培养各级领导人才，为组织源源不断地输送合格的将帅。在美国，50%~70%高阶管理人员的更替都是来自组织内部，如通用电器内的执行人员有85%都是从内部提拔上去的。那么组织决策领导者该如何着手打造企业领导力供给线呢？如图5－2所示。

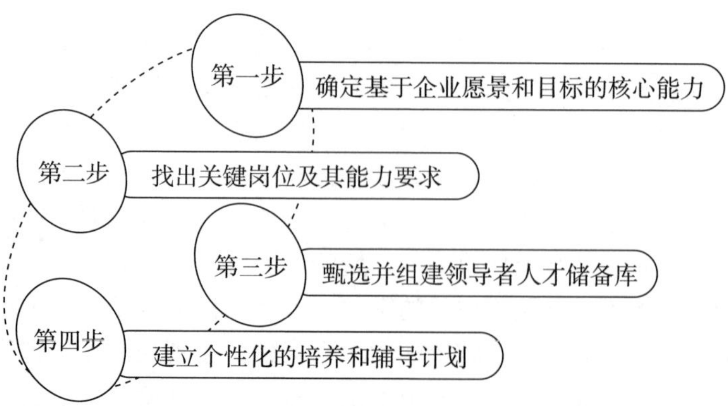

图5－2 打造企业领导力供给线的四大步骤

第一步：确定基于企业愿景和目标的核心能力。

任何组织决策领导者需要明白，企业所需具备的核心能力应与其经营策略紧密相连，也就是说，企业的经营策略决定了它所需具备的核心能力。例如，一家以顾客满意度为导向的银行，其核心能力当然是要从客户的角度思考问题，充分了解他们的需求，并不断根据客户的需求变化来提供整体解决方案。但如果是一家以产品为导向的银行，其核心能力可能就更强调产品的创新、研发能力，以及产品领先上市的能力等（见图5－3）。

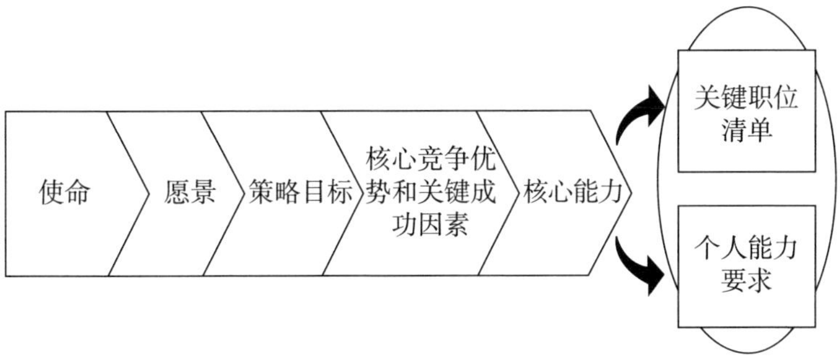

图5－3　确定核心能力

而企业的核心能力只有转化为对内部各类职位和职位上人员的要求，确保合适的人在合适的位置上，透过合适的能力做合适的事情，才能发挥最积极的作用。因此，只有当一个企业清楚认识到自身的使命与愿景，并且对未来3~5年的策略方向、重点举措与目标有了清晰的规划后，才可能逐步思考后面的问题：需要具备怎样的核心能力才能确保经营策略的实现？如何吸引和保留住那些具备职位能力的核心人才？因此，实施领导力供给线打造的第一步就是确定企业的愿景、核心竞争优势和关键成功因素，这是打造领导力供给线的导向和基础。

第二步：找出关键岗位及其能力要求。

企业的核心能力好比是一台强而有力的机器所爆发出的巨大能量，而这股能量是由多个部门的有效配合而积蓄出的力量，某些关键性的部门更具备不可忽视的作用。因此，我们要发掘这股能量，保证整个“大机器”正常运行，必须要先找出关键性的部门，并要保持它们始终处于最佳工作状态。

仔细思考一下内部哪些职位是与企业的核心能力紧密相连，并对企业的未来发展与策略实现扮演举足轻重的角色？这些职位通常就是企业要确定的“关键性要件”，也就是需要制订接班人计划的职位。一般而言，这些职位在企业内均属于中高管理层或专业技术职位。

当确定了关键职位清单后，组织决策领导者就可以根据核心能力架构进一步定出每个职位的个人能力要求，包括管理能力、专业能力与价值观三方面，并进一步细分成对在职人员行为指标的要求，以使他们清楚该如何应对本职的工作。

第三步：甄选并组建领导者人才储备库。

在确定关键职位清单及在职人员个人能力要求后，组织决策领导者就可以根据这些进行内部选才了。通常可以先要求内部中级管理层推荐其直属的高潜质员工，并结合对其绩效评估结果，最后确定进入公司人才库的员工名单。而接班人的备选条件就产生在这个人才库中。在进一步甄选接班人评选条件时，应兼顾其原有职位和职业背景，尽量选择具有相关经验的员工。在挑选过程中，人力资源部门应与直属部门管理阶层进行深入讨论，征询多方意见，包括候选人员目前的直接主管、再上一层的主管以及客户等，对候选人进行充分评估，以清楚了解他的能力、行为和业绩，确定其发展潜力。此外，在挑选接班人时，还应关注他们的行为是否符合公司整体文化的要求。根据以往的经验，通常候选人数应是最终选定的接班者人数的三倍企业的核心能力架构如图 5 – 4 所示。

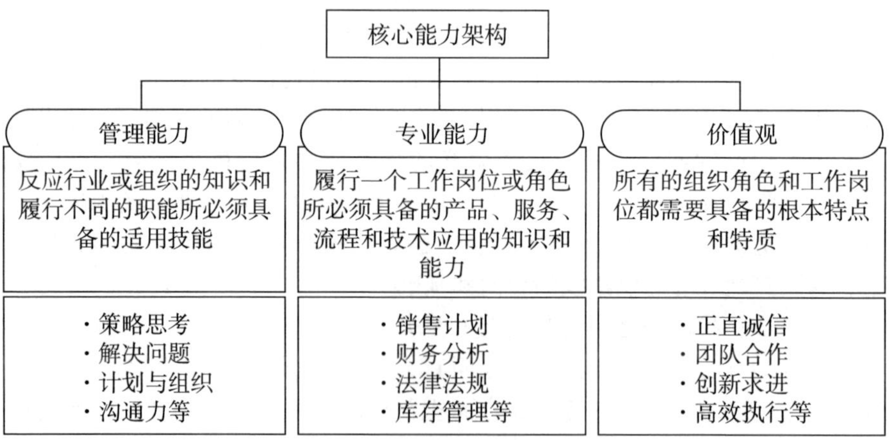

图 5 – 4 核心能力架构

第四步：建立个性化的培养和辅导计划。

在确定接班候选人后，组织决策领导者必须为他们建立相对应的个人档案，以便有效跟踪和监控其业绩和能力的发展轨迹，并为他们指派导师，通过一对一的方式，给予他们有的放矢的指导，与其交流思想、助其拓展能力、提供个人发展建议，辅助他们成长。需要注意的是，在选取导师时，应避免指派候选人的上级，让他们的职位职能尽量错开，这样才能开拓双方的思维，促进无障碍的沟通和交流。此外，针对一些关键的接班候选人（对企业营运起关键性影响的职位），通过人才评价中心对其进行评估、回馈和培训，也是企业可以考虑的方法。

IBM 挖掘“明日之星”的做法显示了这家著名跨国企业在打造领导力供给线方面的重视程度和独到之处。无论是“长板凳计划”还是把培养接班人作为领导者考核硬指标，无论是寻找每个人的“DNA”，还是“换跑道”的个性化培养机制，都给人留下极其深刻的印象。

组织决策领导者有哪些具体的策略和做法能让打造领导力供给线真正落地、真正卓有成效？从 IBM 的宝贵经验总结和延伸出的四大策略可以作为重要参考（见表 5 -3）。

表 5 -3　　打造未来领导者梯队的四大策略

四大策略	具体解析
将接班人挖掘和培养纳入现有领导者的考核激励机制之中	一定要防止现有领导者出于各种原因对培养潜在领导者和接班人缺乏意愿、积极性和主动性，要把培养接班人的表现纳入现有领导者的绩效考核
将未来领导者打造计划纳入现有人力资源管理流程	要把打造领导力供给线和接班人培养与人力资源管理工作衔接，特别是让人力资源负责人直接承担起组织内领导者培养发展的责任，从人力资源管理的各个环节进行把控
分析出潜在领导者现有职位与未来工作需求之差异性	针对接班人未来的职位要求，建立能力模型，这个能力模型与现有职业能力要求之间的差异，就为如何培训培养和发展明确了方向和具体指标
基于绩效评估结果的潜在领导者分类筛选培养机制	根据对潜在领导者绩效评估的不同结果，发现不同的问题，采用不同的培养通道，采用不同的培养策略

1. 将接班人挖掘和培养纳入现有领导者的考核激励机制之中

确认现有领导者是否有长期培养和发掘具有潜力性员工的考虑，许多现有领导者的保守态度是造成接班人计划失败的原因之一。如果现有各级领导者对培养潜在接班人不积极主动，那整个领导力供给线的塑造就会遇到重重阻力。因此，组织决策领导者需要会同人力资源部门与各级经理人充分沟通，获得其理解和支持。并且，把对潜在领导者的挖掘和培养作为他们的考核指标，形成制度约束。对于为组织成功挖掘和培养领导人才的经理人，组织决策领导者一定要明确设计和公布奖励办法。IBM 把确定自己接班人的任务作为考核各级管理者的硬指标，这一范例可以给国内很多企业高层领导足够的启发。

2. 将未来领导者打造计划纳入现有人力资源管理流程

IBM 接班人培养的成功离不开其人力资源部的紧密配合和协作，未来领导人才的培养自始至终贯穿和体现在人力资源管理工作的各个环节。人力资源管理工作可以借着整合接班人计划来与整个人力资源系统相链接，有许多人力资源部门高级主管会把接班人计划视为自己的主要责任。其实完整的领导力供给线的打造，必须配合组织的人力资源体系的运作和协作才能成功。组织决策领导者要会同人力资源负责人，重新检视公司人力资源的整体流程，例如招募遴选、训练发展、绩效管理、薪酬福利结构等方面，是否符合领导力供给线计划的需要，如果有不足之处应该立即全面检讨。

（1）在招募遴选方面，除了分析能获得相关优秀人才的路径外，还必须建立未来领导人才的推荐通报和筛选评估机制。

（2）在训练发展方面，除了重新规范以职能为基础的训练需求以外，也必须建立明确的管理职业生涯发展路径，让组织中每位同人都能清楚自己未来在企业管理岗位职业生涯发展及前景。

（3）在绩效管理方面，除了要建立公平及公正的绩效评估制度之外，对未来领导者的绩效评估，也要参照未来岗位的能力和素质要求。

（4）在薪酬福利方面，除了建立有效确保能留住企业未来接班人之薪酬福利制度外，长期的财务性奖酬及非财物性的奖酬都必须持续地超越竞争者，以防止优秀管理人才的流失。

3. 分析出潜在领导者现有职位与未来工作需求之差异性

由于接班人是未来企业的领导者，所以在确认企业未来的策略与发展之后，下个步骤就是要分析每个职位的现在工作与未来可能工作的差异性，基本上在这个阶段，需要寻找出现有职位的 KSA——知识（Knowledge）、技术（Skill）与能力（Ability），与接班人未来可能需要的 KSA 彼此之间的差异性。

将现有职位需求和未来职位需求相比较，就可以得出基于职位分析的能力差异，这一能力差异就是潜在领导者的培养方向和重点。

有许多组织在规划接班人计划时，通常会遗漏这个策略，所以所遴选出来的候选人或是培育计划，都针对目前的职能，而没有考虑到未来工作可能会产生的职能变化。

4. 基于绩效评估结果的潜在领导者分类筛选培养机制

从一般的操作来看，打造领导力供给线的流程，将会先从现有人员的绩效评估开始进行，然后针对个人不足之处提供训练和培养，同时实施绩效及训练评估。以往绩效评估结果较好的人将会被培育成接班人或是候选人，但是实际结果不一定如此，当员工经过绩效评估后，大致会落在下面的四个象限之中（见图 5－5）。

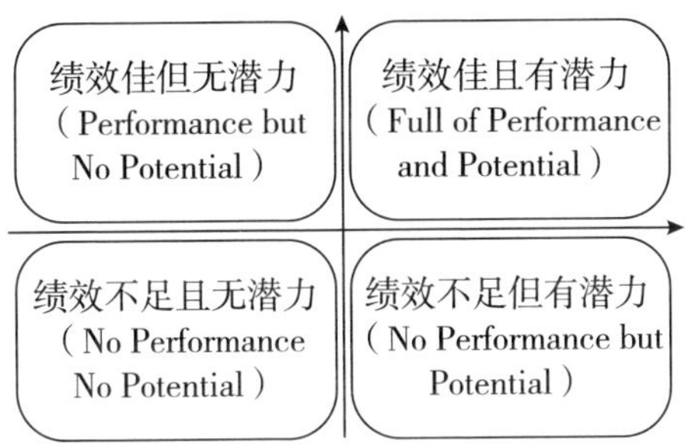

图 5－5　绩效评估四象限

（1）绩效不足且无潜力：这类员工基本上将是公司列入绩效改善或是淘汰的人员。

（2）绩效不足但有潜力，这类员工应该由人力资源部门深入探讨及了解造成其绩效不佳之因素。

（3）绩效佳但无潜力，这类员工通常也是稳定公司成长的群体，所以公司必须规划其相关职业生涯。

（4）绩效佳且有潜力，这类员工将是人力资源部门发挥最大的力量来确保培养的群体。

组织决策领导者应驱动人力资源部门依据不同的评估结果采用不同的处理和培养方式（见表 5－4）。

表 5－4　　针对不同绩效评估结果的筛选培养机制

绩效评估结果	筛选培养机制
绩效不足且无潜力	这些员工应该被导入 PIP（Performance Improvement Program，绩效改进计划）项目，以提升其绩效及潜力，但是经过连续两次辅导（每次三个月辅导）及评估仍未获得改善，则可以考虑予以解雇
绩效不足但有潜力	这些员工应该加强其职能训练，若完训后仍未改善，则必须仔细分析其原因，是否是因个人因素而不适合本职位，如确定是摆错位置，则实施工作轮调。如果是主管或是其他问题，则必须由 HR（人力资源部门）人员与更高阶主管全力协助
绩效佳但无潜力	由人力资源部门经由 3～5 年的观察及教育，若是仍无法提升其潜力，将安排导入专业的职业生涯路径，当然组织在架构时必须思考采用两三个不同轨道的职系路径，让落在这一象限的员工能够持续成为稳定的力量
绩效佳且有潜力	这些对象则会依其评分结果分成以下几类。 Ready to Go：马上可以接任（可以放在人才库） Ready by Late：只要增强其稍微不足之处，或是在职位上再历练一些时间 Ready for Delay：必须再持续教育训练一段时间，或在本职位必须再历练几年

二、打造权变的组织决策模式

组织决策领导者处于整个组织金字塔的塔尖，因此他们和职位相对较低的领导者相比，其所做的决策往往与整个组织的命运休戚相关，其决策风格与决策能力往往是其领导能力中极其重要的一环。

对于位高权重的组织决策领导者而言，特别要培养和修炼自己的决策能力和决策方法，特别是那些属于组织全局层面的重大决策。

【案例】

西澳中心大酒店处于市中心，位置极佳。第 20 层因为视野好，容易看风景，富有浪漫的气息，被曹圣元用来做西餐酒吧。当时有管理人员建议强化私密性，大量增加封闭性隔断，采用高靠背沙发。曹圣元却认为需要利用景观来吸引顾客，前面看大海一览无余，后面看大山郁郁葱葱。而增加隔断及高靠背沙发，严重阻碍了视线，使卖点不复存在，因此否决了此建议。

西餐酒吧完工之后，通透敞亮，前后都是落地大窗，视野极为开阔，完全达到了原来设想的效果，所有到过的人都对这里的环境赞不绝口。但开业之后，营业额及客流量却一直不温不火。经过一段时间的经营，他们总结出的原因是缺乏私密性。

曹圣元承认自己在做决策时犯了一个致命错误：没有深入了解当地目标客人的需求及喜好。西澳中心大酒店所在城市不算大，西餐酒吧在这样的城市还是讲究情调的浪漫场所，很多人来这里想放松却更紧张，因为到处都是熟人。

曹圣元回忆起决策的时候，认为自己主观且莽撞。他说："以后做决策时，首先需要明确是在为谁决策。"不过，曹圣元更信奉企业需要讲究纪律的严肃性，事关原则与纪律，他曾经让管理层在会上"下不来台"。

曹圣元认为：当大家意见有分歧时，大家往往不是静心分析怎样去做才更好，而是双方都认为自己的见解最优，极力去说服对方，这个时候如果领导者不能及时下决定的话，一项工作就会一拖再拖，议了再议，严重影响效率。绝大多数情况下，在分歧出现之后，分歧的双方甚至都很希望领导者及时决策，避免无谓的争论持续下去。决策要有权限，责任要明确。但意见该集中的时候领导者一定要一锤定音。决策做出之后，所有人必须全力以赴地服从和执行。在组织的这种风气形成之前，需要有一个强力的扭转过程。

如今曹圣元依然总在会议场合行使否决权，他表示，行使一票否决权的过程，也是纪律强化的过程和思想凝聚的过程。一般在管理者行使决定权或否定权的时候，极少仅仅做决策，更多的是通过对决策结论的分析，把自己的思想和价值观进行充分的灌输，使企业文化通过这种形式强力灌输给各级管理人员。

正如案例所揭示的，组织决策领导者所进行的任何重要决策都是面临风险的，只是有些因素是可控的，而有些因素是不可控的，这就给决策者带来很大的不确定性。曹圣元是非常典型的强势领导者，他具有凭直觉快速决策的风格，从酒店最初的客户定位、酒店装饰、价格设计等均由总经理曹圣元来决策，这也形成了西澳中心大酒店的决策文化，即管理层和员工对公司总经理决策很依赖。

例如酒店在对第 20 层西餐酒吧改造过程中，曹圣元决定使用非封闭性隔断平台布局时，完全凭借个人的直觉，没有进行充分的调研，又没有其他管理者坚持正确的意见，因而只能是通过为经验教训埋单去纠正决策的失误，这也反映了像曹圣元这样强势快速决策的弊端。

其实曹圣元的最终拍板或者一票否则的模式，并不完全错误，他的问题在于在决策时没有掌握足够信息，同时他的决策风格压制了下属提建议的兴趣和欲望，容易造成基于主观臆断的非理性决策。强势领导者在行使决策权时，更多听取管理层或员工的意见，必要时咨询专业人士或咨询公司来弥补个人能力的缺失，使决策更加科学和合理。

对组织决策领导者而言，不同的决策模式没有绝对的好坏之分，优劣之别。组织决策领导者需要改善的，是放弃单一的领导风格和模式，了解和掌握更多的决策模式和方式，并针对不同的问题和情形，采用最合适的决策模式，这就是权变的组织决策模式（见表 5－5）。

表 5－5　　权变的组织决策模式

第一类专断式：AⅠ决策模式	组织决策领导者利用当时可得到的信息完全自己解决问题或做出决策
第二类专断式：AⅡ决策模式	组织决策领导者从下属那里得到必要信息，自己决定解决问题的方案
第一类协商式：CⅠ决策模式	组织决策领导者和有关下属个别地讨论问题，他做出的决策可以反映出下属的影响，也可以不反映
第二类协商式：CⅡ决策模式	组织决策领导者和作为一个群体的下属讨论问题，征求他们的意见和建议
群体参与式：GⅡ决策模式	组织决策领导者和作为一个群体的下属讨论问题，共同制订和评价解决问题的备选方案，并力求就解决方案达成一致意见

1. 第一类专断式：AⅠ决策模式

AⅠ决策模式，是领导者对该项事情的决策，完全依靠自己对该事情了解的信息，凭经验与知识做决策，完全不与相关下属讨论或征询意见。自信满满的领导者，或认为下属没有能力，或不习惯下属的参与决策，就喜欢使用这种决策模式。这种决策模式，完全没有员工的参与，更谈不上透过决策模式与员工讨论，来提升员工的能力。

习惯这种决策模式的大都为独断式的领导者，平时与员工保持距离。但是有时候，由于时间紧迫，领导者被迫必须采用这种决策模式，领导者如果缺乏足够决策信息，AⅠ决策模式就要冒很大决策失败的风险了。

2. 第二类专断式：AⅡ决策模式

AⅡ决策模式，是领导者面对一项决策时，会选择性地询问员工一些问题的看法，但并不会让员工知道询问的目的何在，之后自己根据这些得来的信息，就做决策了。从参与式管理的角度来看，AⅡ决策模式主要还是领导者依据自己的知识与情报来做决策。如果决策十分重大，关乎命运，并且组织决策领导者有足够的时间，且对这项决策又缺少足够知识时，AⅠ决策模式与AⅡ决策模式都不是最理想的决策模式。

3. 第一类协商式：CⅠ决策模式

CⅠ决策模式，是领导者单独地分别找几位下属，征询他们对决策的意见，领导者会先说明决策的目的与困难，并与这些下属相互讨论什么是最佳的方案。CⅠ决策模式，虽然也只是与下属分开讨论，但是因为领导者会提出困难与决策的目的说明，这样的参与程度大概有50%，可算是比较民主参与式的领导决策模式，对员工的训练与培育，也可以起到一些作用。相对于AⅠ决策模式与AⅡ决策模式，CⅠ决策模式会花较多时间，效率和速度会降低，但是如果这能换来更正确适当的决策与员工能力的成长，牺牲小部分效率还是值得的。

4. 第二类协商式：CⅡ决策模式

CⅡ决策模式，领导者在需要做决策的时候，会先召集相关的主管和员工一起开会，先向主管和员工们说明决策的目的与困难，并请每一位主管和员工提出各自的看法与决策建议，在会议中，领导者只扮演鼓励发言、引导讨论的角色，让不同的意见碰撞出更好的意见，最后领导者综合大家的意见后，加上自己深入的思考，才做出决策，并向相关提供意见的主管员工说明最终的决定与原因。

CⅡ决策模式，会花费很多时间，速度和效率比较低，但是这种决策模式充分做到上下交流，全员参与，对形成团队合作有很大的帮助，对员工能力的成长效果最好。这种模式，透过脑力激荡法，可以找到较佳的方案，也由于大家都参与讨论，决策的结果由大家一起承担，大家都愿意全力支持这项决策，对决策的彻底执行，起到决定性的作用。

对于复杂且没有规范可循的问题，以及那些接下来需要下属和团队全力执行和推动的决策，CⅡ决策模式既能确保决策的科学性，又能提高决策的执行度。

5. 群体参与式：GⅡ决策模式

GⅡ决策模式是一种全员参与的模式，领导者将决策的形成完全交给团队，并全力支持团队的决定。GⅡ决策模式由于是全员共同决策，可能会花比较多的时间，会缺乏效率，但是这种模式最能被大家接受，效力最高。当然这种决策模式也存在决策错误的风险，因为决策结果是由团队决定的，如果你的团队对公司向心力与认同度不够，员工容易只考虑自己的立场，而不管公司的立场与公司的利益，尤其是当这项决策涉及员工的切身利益时，更容易发生偏差。

GⅡ决策模式是最民主的决策模式，是员工参与度最高的模式，但这种模式如同AⅠ决策模式，也是一种极端，很容易被部分忽略自己管理责任的领导者，以授权之名义，完全放任员工做决策。

对于组织决策领导者而言，每类决策模式都有优点和缺点，如果要提升决策的信息充分性和下属参与性，就会牺牲决策的效率和速度；而如果追求决策的快速和高效，就得牺牲下属的参与度和决策的信息充分性。每一类决策模式的有效性如何取决于其针对情形和问题的特性，组织决策领导者可以从八个方面来分析和明确决策模式的类型，如表5-6所示。

表5-6　组织决策领导者选择决策模式必须思考的八大问题

问题	阐述
问题A	决策是否有某种质量上的要求，从而使某一解决方法可能比另一方案更为合理
问题B	是否已经掌握了做出高质量决策的足够信息
问题C	所做决策是否属于结构性问题
问题D	下属对决策的认可是否对有效执行决策具有重要作用
问题E	如果由个人做出决策，是否有适当的把握能得到下属的接受
问题F	下属是否愿意参加所要解决问题的决策，以便实现既定的组织目标
问题G	下属之间是否在制订决策方案方面存在意见分歧与冲突
问题H	是否存在决策的紧迫性，是否需要快速决定

【链接】

你是一家大型电子厂的生产总经理，管理部门最近应用了一款新机器，并简化了工作系统，然而令人惊讶的是，生产率不但没有提高，反而开始下降，并伴随着产品质量降低、离职率上升等问题。经检查，新机器运转处于最高效率。你怀疑问题出在新的工作系统上。但是你的下属却并不认同。两位中层主管人员和物资供应经理分别认为这是由于操作员工训练差、缺乏适当的经济刺激体制和士气低落等原因造成的，下属中存在着潜在的分歧。

你和各部门经理同样关心生产率的下降，并且你知道，你的下属也同样关心，那么你会采用哪种决策方式？

这是一个典型的企业高层领导者决策模式的情境分析，而到底是选择第一类专断式，第二类专断式，第一类协商式，第二类协商式还是群体参与式，得取决于对八大问题的分析（见表5－7）。

表5－7　　对案例中八大问题的分析

问题	分析
问题A	情境中决策的不同选择会产生不同的效果和后果，因此对决策质量的要求很高
问题B	情境中这位生产总经理没有掌握做出高质量决策的足够信息，很多信息是自己的主观判断
问题C	情境中所做的决策是对组织结构影响很大的关键性决策
问题D	情境中下属对决策的参与和认可直接影响到后续的执行
问题E	情境中如果由领导个人做出决策，下属可能会抗拒和不接受
问题F	情境中下属是很关心进展，愿意参加所要解决问题的决策
问题G	情境中下属之间在制订决策方案时存在意见分歧与冲突
问题H	情境中这个决策不存在时间压力

通过对八大问题的分析可以判断，因为领导者尚未掌握决策的足够信息，同时决策需要下属配合推动和执行，而且是影响重大的决策，也没有做独断决策的时间压力，因此这个决策的特点是可以降低效率和花费更多时间，但一定需要下属多参与和配合。首先可以排除掉第一类专断式和第二类专断式。

因为下属之间对问题的看法各不相同，存在潜在分歧，因此如果采用第一类协商式，达成一致会遥遥无期。

在剩下来的两种决策中，是第二类协商式更好还是群体参与式更佳呢？就这个案例而言，群体参与式决策更能增加不同意见的下属之间的沟通和意见交换，更能通过交流和交换增进彼此相互理解，更能通过头脑风暴让大家集思广益，更能发挥下属的创造性思维，想出之前没有想到的更好的解决办法。

第二节　基于组织发展阶段的领导模式

一、不同组织发展阶段的领导行为风格

对于组织决策领导者而言，应该把眼光从对下属、对部门、对团队具体事务和人员的管理进一步升级到对整个组织发展阶段的诊断、评估和情景式领导上，这就是组织决策领导者应该具备的大局观。

任何组织都是在动态发展中的，特别是处于变革的时代，组织的兼并重组、机构再造、流程重建和人员流动日趋平常而多见，因而组织决策领导者需要站在整个组织的全局高度，敏锐地评估整个组织所处发展阶段的特征以及对领导力的要求，以便有针对性地采用不同的领导方式，扮演不同的领导角色。如何判定组织处于哪个阶段？除组织的具体特征外，还可以从两大因素中得到启示：

（1）组织的生产力。这个组织的生产力是高还是低，生产力所反映的问题是这个组织的成员会不会做事情，能不能把事情做好，是否拥有相关的技能，是否产生足够的绩效。

（2）组织成员的士气和关系。士气体现的是组织成员愿不愿意做。

根据生产力和士气的高低，组织决策领导者可以把组织发展分成四个阶段（见图 5 -6、表 5 -8）：

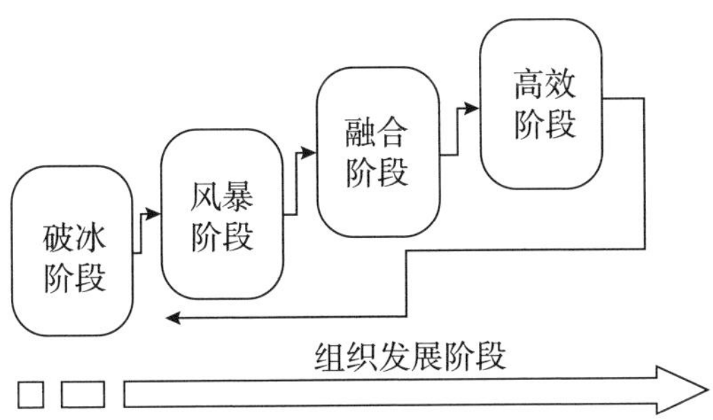

图 5 -6　组织发展的四个阶段

表 5 – 8 组织发展的四个阶段

第一阶段——破冰阶段：组织形成和建立初步信任阶段	刚开始时，组织成员都很客气，互相介绍、认识，在工作中逐步建立彼此间的信任和依赖关系，取得了一致的目标
第二阶段——风暴阶段：组织的磨合阶段	组织成员对事情意见不同，互不服气。不服从领导、不愿受组织的纪律约束的现象时有发生
第三阶段——融合阶段：组织的规范阶段	组织成员对各自在组织中担任的角色和共同解决问题的方法达成共识，整个组织达到自然平衡，差异缩小，队员之间互相体谅各自的困难
第四阶段——高效阶段：组织的高效运作阶段	组织成员之间互相关心，互相支持，能够有效圆满地解决问题、完成任务。组织内部达到高度统一，最终共同达到目标

1. 破冰阶段领导行为风格——指令式

在组织发展的破冰阶段，组织成员的士气非常高，而生产力比较低，组织成员拥有热情和参与动力，但缺乏完成任务足够的能力、资源和信息。因此这一阶段，领导者的行为风格应该强化指挥行为，弱化关系行为，我们称之为指令式行为风格（见表 5 – 9）。

表 5 – 9 破冰阶段领导行为风格——指令式

指令式行为风格特点	领导在破冰阶段的具体任务
从行为上说，指挥得多，支持得少。领导者告诉下属做什么，怎么做 从决定权来说，命令多半是由领导者自己做出 从沟通上来说，多半是单向的沟通方式，也就是领导者说下属听，自上而下 从监督的频率上来看，因为组织的生产力不太高，所以监督的频率也比较密 从解决问题的角度来看，指令式的领导者通常帮助组织成员解决大量的问题	协助组织成员发现问题，这时组织成员刚刚组合在一起，还不具备自己去判断和知道问题所在的能力 从解决问题的角度来看，指令式的领导者通常帮助组织成员解决大量的问题，设定组织成员的角色，提供明确的职责和目标，并为组织成员指引明确的方向和愿景 从解决问题的角度来看，指令式的领导者通常帮助组织成员解决大量的问题。明确指导组织产生行动计划，这套行动计划需要在指导下去完善 从解决问题的角度来看，指令式的领导者通常帮助组织成员解决大量的问题。领导者对员工，在多数情形下采取单向沟通的方式，自上而下解决问题，控制决策。领导者明确地告诉组织成员他所期望的工作标准，及时跟踪反馈

2. 风暴阶段领导行为风格——教导式

组织经过破冰阶段后进入风暴阶段，在这一阶段隐藏的问题逐渐暴露，组织内部冲突加剧，虽然说组织成员接受了组织的存在，但对组织加给他们的约束，仍然加以抵制。在这一阶段，热情往往让位于挫折和愤怒，抗拒、较劲、隐忍是常有的现象，那些组织组建之初就确立的基本原则可能像屹立风中的大树一样被打倒。这个阶段之所以重要，是因为如果组织成员可以安全通过风暴阶段的话，出现在面前的就不再是支离破碎的部分，而是一个完整而有机的组织了。

因此，在风暴阶段，领导者不仅要加强工作的指挥和指导，加强约束，同时需要强化人际关系，在组织成员和自己之间建立融合互信的关系。因此，我们把这种领导行为风格称为教导式，即不仅要在工作上“教”，而且要在人际关系上进行“导”（见表 5 - 10）。

表 5 - 10　　风暴阶段领导行为风格——教导式

教导式行为风格特点	领导在风暴阶段的具体任务
从行为上来看，既有高度指挥行为，也有高度人际关系行为 从决策权来看，领导是在征求意见以后再做决定 从沟通上来说，是一种双向交流，并且提供反馈 从监督上来说，相比破冰阶段的次数要少。但因风暴阶段冲突不断，建议监督的频率还要维持在一定的范围内，不宜过少 从解决问题方面来看，建议领导者稍稍退出解决问题的中心，当组织成员认为比较困难时，才帮其解决	教导式领导应确认组织的问题在哪里，风暴阶段组织成员可能慢慢会知道问题在哪里，但是不确定，这就是主要问题所在，领导要帮助组织成员确认问题所在 教导式领导要帮助组织设定这个阶段的目标 教导式领导说明决策的理由并征求组织的建议，倾听成员的感受，促发大家的创意 教导式领导关注组织成员的情绪变化，发挥自身的凝聚能力，解决冲突，建立融洽的人际关系 教导式领导不再是问题解决者，而是问题解决的辅助者，但在发生问题后，愿意承担最后的领导责任，以让员工获得安全感

3. 融合阶段领导行为风格——支持式

经过一段时间风暴，组织将逐渐走向规范，进入融合阶段。在这个阶段中，组织内部成员之间开始形成亲密的关系，组织表现出一定的凝聚力，这时会产生强烈的组织身份感和友谊关系，彼此之间保持积极的态度，表现出相互之间的理解、关心和友爱，并再次把注意力转移到工作任务和目标上来。组织成员关心的问题是彼此的合作和组织的发展。组织成员对新的技术、制度也逐步熟悉和适应，并在新旧制度之间寻求某种均衡，组织与内外的关系也逐渐地理顺。

但在这个阶段，生产力虽然比较高，组织成员开始为工作而努力，但也会产生由于工作压力带来的士气波动，这个阶段组织成员特别需要领导者的支持、帮助、反馈和鼓励，这种领导行为风格被称为支持式（见表5－11）。

表5－11　融合阶段领导行为风格——支持式

支持式行为风格特点	领导在融合阶段的具体任务
从决策权来说，和前两个阶段有所不同，决定权已经慢慢向组织成员过渡 从沟通上来说，领导者是多问少说，并且经常反馈，多听大家的意见 建议在这个时期监督次数要减少，因为组织已经发展到一个比较高的水平	领导要让下属参与到问题的确认和目标的设定当中来，以提高士气，激励团队 领导者应多问少说，听听下属的意见，激励下属共同承担责任 领导者必要时提供一些资源、意见和保证 领导和下属要共同参与决策，分享决策权 支持式的领导者尽可能在下属无计可施的时候才出面，即便是复杂的问题你也要让组织成员自己试试看，否则的话会养成依赖的心理

4. 高效阶段领导行为风格——授权式

在高效阶段，组织成员脱离了先入为主的思想和观念。随着组织凝聚力的增强，领导权被分享，组织成员之间互相信任。人与人之间的冲突渐渐被互相分享感受和创造性的思维所代替。组织在团结一致的氛围中运行，成员为自己是组织的一员而高兴。在这个阶段，领导者的指挥行为也很少，关系行为也很少，是一种双低的领导行为，我们称之为授权式。对于一个发展到高效阶段的组织来说，授权式的领导方式是受欢迎的。这一阶段，领导者应把握影响组织绩效的关键环节，并为组织未来的发展而规划（见表5－12）。

表 5－12　　高效阶段领导行为风格——授权式

授权式行为风格特点	领导在高效阶段的具体任务
从行为上来说，是少指挥，少支持 从决定权来说，已经完全下放，但任何时候目标的最终决定权都在领导身上 从沟通上来说，也是一种双向的交流，并及时地提供反馈 从监督上来说，要尽可能少 从解决问题来说，鼓励组织成员自己解决 通过授权式的领导，组织真正实现了分担领导权，组织可以做到集思广益，达到真正的高绩效	跟下属共同界定问题，共定目标，下属参与的程度更高一些 行动计划由下属自己来做 鼓励下属挑战高难度的动作 酬劳你的组织，要给他们适当的认可和奖励，提供组织成员成为他人良师的机会 定期检查和跟踪组织的绩效

二、不同组织发展阶段的领导者角色

组织决策领导者需要了解在组织发展的不同阶段，以他和下属团队之间的沟通、交流、问题解决和决策为特征的领导行为方式该如何调整，同时更应站在组织全局高度，去界定自己在组织发展不同阶段，该扮演哪些关键角色。

1. 组织发展破冰阶段领导者的角色分析

组织发展破冰阶段各个成员对组织及个人发展充满激情和希望，但同时充满困惑，观望和疑惑是主要的特征。在人际关系方面多半表现得很有礼貌甚至有些矜持，有冲突也不愿意直接说出来。在这个阶段组织决策领导者要扮演好方向指引者和个人成长精神导师的角色（见表 5－13）。

表 5－13　　组织发展破冰阶段领导者角色

方向指引者	组织形成初期，组织成员对组织的发展充满了期待，但同时也充满了对组织如何发展的困惑。因此组织决策领导者应着力于组织共同愿景的建立，做好并明确组织发展的整体规划，为组织成员指明方向
个人成长精神导师	在组织发展破冰阶段组织成员充满了困惑，组织决策领导者应该加强对组织成员的理念和价值观引导，让他们看到个人发展的前景，看到组织成长的蓝图，并认识到自己在这一蓝图中的角色，这样会帮助组织成员清除障碍、厘清思路，尽快进入工作状态

2. 组织发展风暴阶段领导者的角色分析

在组织发展风暴阶段，成员之间、组织成员与组织领导者之间、组织与环境之间会出现各种问题和矛盾。如果组织决策领导者不能因势利导、力挽狂澜，组织将面临颠覆的危险。因此组织领导人要高度重视这一时期的团队建设，扮演好组织环境的营造者、组织情绪的调节者、组织问题的教练员以及组织责任的承担者四大角色（见表5－14）。

表5－14　　　　组织发展风暴阶段领导者角色

组织环境的营造者	组织决策领导者是组织的代言人，为组织发展创造良好的环境是组织决策领导者的重要工作 在营造内部环境方面，组织决策领导者应当是优秀宣传员，通过各种方式进一步传递组织理念和组织目标等组织文化，以自身的行动为组织成员树立良好的榜样 在协调外部环境方面，组织决策领导者应当是外交家，负责协调与其他组织的关系，排除各种干扰，争取获得最大限度的支持
组织情绪的调节者	在组织发展的风暴阶段，动荡的环境对整个组织的情绪产生重大影响。在这一阶段，组织决策领导者要主动成为情绪控制的示范者和成员情绪的调节者 组织决策领导者应该敏锐地掌握组织成员的情绪变化，并培养他们调节和控制情绪的能力。对于一些群体性的问题，则应尽早发现、果断处理，在消极情绪开始蔓延之前采取有效措施，防止烂苹果效应
组织问题的教练员	培养组织成员独立面对问题、解决问题的能力是组织决策领导者必须要做的功课。尤其是在组织发展风暴期，问题不断出现，而组织成员解决问题的能力尚在积累过程中，此时组织决策领导者要当好教练员，而不是干涉者和消防员 组织决策领导者要避免在出现问题的时候，粗暴干涉成员解决问题的方式和过程或是直接把问题揽到自己身上亲自来解决问题。这样做的结果只能让组织成员更加消沉，无法摆脱挫败感或是对组织决策领导者产生依赖，无法独立面对困难，而组织决策领导者也将一直充当消防员的角色

续　表

组织责任的承担者	组织决策领导者要善于授权，但是在面对责任的时候，要勇于担当，免除组织成员的后顾之忧 在组织发展风暴阶段，问题和矛盾凸显，组织决策领导者要注意培养组织成员解决问题、承担责任的能力，更重要的是要传递给组织成员这样的信息，一切因对组织发展的探索而带来的失败，有一个人一定会跟他们共同承担，那就是组织决策领导者自己

3. 组织发展融合阶段领导者的角色分析

在组织发展融合阶段，组织成员之间开始形成共同目标，开始关心组织的成长，注重彼此间的协作，工作规范和组织精神逐渐深入人心。但组织成员仍会对风暴期存在的问题心有余悸，害怕引发矛盾而不敢充分沟通。因此组织决策领导者要扮演好组织激励的驱动者和组织沟通的垂范者的角色（见表 5－15）。

表 5－15　　　　组织发展融合阶段领导者角色

组织激励的驱动者	组织决策领导者可以通过充分授权、鼓励参与、实行奖励等方式，提高组织成员的积极性和主动性，使之真正放下风暴期带来的各种问题的后遗症，并产生强烈的组织合作精神 组织决策领导者应该营造一个让成员能够自我激励的氛围和环境
组织沟通的垂范者	建立开诚布公的交流和沟通渠道是组织建设中的重要环节，扫除沟通障碍是组织发展的重要问题。组织经历了震荡期之后，一切趋于规范，如何进一步消除沟通障碍，营造良好的沟通氛围，是组织决策领导者应当重点关注的问题 随着组织成员的成熟，组织决策领导者可以与组织成员一起讨论组织发展中的问题、改进组织工作流程、完善组织工作计划，进一步明确组织发展目标，沟通在这一时期显得尤其重要，组织决策领导者应首先做出垂范

4. 组织发展高效阶段领导者的角色分析

在组织发展高效阶段，组织呈现开放、包容、创新、有为的局面。组织成员间的沟通自由而坦诚，组织成员广泛参与组织决策，齐心协力解决组织发展中的问题，将个人能力融入组织建设中，组织绩效在这一时期得到充分的体现。这一时期的组织决策领导者，除了要学会正确授权，当好组织发展的掌舵者、组织绩效的分享者外，更应该着眼于组织长远的发展，扮演好组织学习的推动者和组织再发展的规划者的角色（见表5－16）。

表5－16　组织发展高效阶段领导者角色

组织发展的掌舵者	随着组织的不断成熟，整个组织已经掌握处理问题、解决矛盾的方法，组织精神开始显示出力量。在这一阶段，组织决策领导者应当完全放权，充分给予组织信任和权力，要充当组织发展的掌舵者的角色而不再是划桨者 在把握好组织发展大方向、大原则的前提下，组织决策领导者应当关注预算、进度和业绩等重大问题，具体的事务和细节的问题应当交给组织成员去完成。合理授权、信任下属，会给这一时期的组织带来生机和活力
组织绩效的分享者	组织的成熟会给组织带来成绩、荣誉和利益，在面对组织成就的时候，组织决策领导者的态度将决定他的魅力和影响力 组织决策领导者应以分享者而不是独享者的角色出现，在充分享受组织成功的同时，也不能忘记组织成员付出的努力，并应努力成为组织成员利益的维护者，这样组织的路才能越走越长，组织成员的心才能越聚越齐
组织学习的推动者	组织获得了阶段性发展之后，组织决策领导者必须保持清醒，为组织的再发展积蓄力量。组织决策领导者应当自觉成为学习的典范，也应该成为组织学习的组织者 尽管在组织的高效期呈现出一片欣欣向荣的景象，但是组织要在激烈的竞争中长盛不衰，必须要考虑再发展的问题，学习型组织的建设在这一时期应当提上议事日程 组织学习应当成为组织成员的自觉行为，而组织决策领导者应当积极创造条件，组织开展高层次的培训，鼓励组织成员进一步学习进修，以提升组织竞争力

续 表

组织再发展的规划者	判断未来的发展趋势，是组织决策领导者综合能力的体现。组织决策领导者不应该满足于组织发展的阶段性成果，而应该未雨绸缪，成为组织再发展的规划者 组织决策领导者应当以哲学家般的素养，去审视组织在发展过程中的新问题，用发展的允满前瞻性的眼光、综观全局的胸怀，站在组织发展的远处来规划组织明天的发展

【案例】

诺宝科技公司原来是一家从事产品OEM（代工）的小企业，公司建立之初，沈维和员工不分彼此，也没有明确的分工，经过多年的艰苦创业和努力经营，目前已经发展成为员工近千的一家大型制造企业，公司走上了比较稳定的发展道路。

但很快，沈维发现他所认为的“无为而治”只不过是“水中月，镜中花”而已。

首先，让他感到头疼的是那几位与自己一起创业的“元老”，他们自恃劳苦功高，对后来加入公司的员工，不管其职位高低，一律不看在眼里。这些“元老”们工作散漫，不听从主管人员的安排。这种散漫的作风很快在内部蔓延开来，对新进者产生了不良的示范作用，新进者也开始变得散漫起来，员工之间不断出现矛盾和冲突，公司里再也感受不到创业初期的那种工作激情了。

其次，沈维感觉到公司内部的沟通经常不顺畅，大家谁也不愿意承担责任，一遇到事情就来向他汇报，但也仅仅是遇事汇报而已，很少有解决问题的方法，导致许多环节只要沈维不亲自去推动，似乎就要“停摆”。同时，沈维也感到公司的很多政策、规范、纪律等无法有效推行。因为很多“元老”级员工的带头违反，很多新员工也纷纷效仿，弄得很多政策难以推行，很多纪律形同虚设。

最后，沈维还感到公司内部服务意识开始淡薄，对工作质量的要求大不如以前，客户的抱怨也逐渐增多，沈维对此感到非常焦急。

从这一案例中，可以看出，作为公司总经理的沈维，错误地判断了组织发展的阶段，他误以为组织发展已经进入了最稳定的高效阶段，因此他希望采取授权式的领导行为。

但仔细分析诺宝科技公司的组织特征和员工关系，可以认为这家公司从创业初的破冰阶段，随着迅速的发展和规模的扩张，伴随着新员工人数的不断增加，进入了关键的风暴阶段而非沈维所认为的高效阶段。

在这一阶段，诺宝科技公司典型的特征是成员之间相互冲突，人际关系差；公司员工原有工作热情、和谐关系以及积极主动被抗争、愤怒和自由散漫代替，并且这些冲突和抗争对组织整体的规范、制度、政策和纪律产生了极大的挑战和破坏，使组织对成员的约束无法形成。

因此，在这个时候，沈维采用的授权式领导行为只会让这种混乱和无序进一步恶化，他必须在工作指导和人际关系融合两个方面采取积极有效的行动，应该展现出教导式的领导行为。他需要通过强有力的手段维护公司的纪律，推行公司的政策，并配套以严格的奖惩，甚至要采取“杀鸡儆猴”的行动，以儆效尤，确保指令的畅通和执行；同时，他必须和老员工促膝谈心，增进相互理解，取得其支持和信任，并且通过各种团队活动来弥合老员工和新同事的关系，让他们深刻认识到自己的行为对组织发展和自己未来发展产生的很大伤害。

对于沈维而言，在这个阶段特别需要扮演好两个角色，一个是组织情绪的调节者，另一个是组织问题的教练员。他必须采取快速行动逆转目前公司散漫、拖拉、不信任以及消极的氛围，把组织的整体情绪重新调整到互信、协作、积极、主动的方向上来。

沈维一定要把自己定位在组织问题的教练员而非消防员角色，千万不要做救火队员，千万不要把问题揽在自己身上，而是责令员工完成该完成的任务，自己提供信息、资源和政策等支持。

回顾你的组织或团队，指出表 5 - 17 所列行为中有哪些是你组织成员的典型行为，请在前面的方框中打钩。答案不分对错，请如实回答。

表 5 - 17　　组织发展阶段测试

A 类行为	B 类行为
□群体内部成员亲密无间	□群体中的人受到保护
□群体内部有愉快的氛围	□群体内部只有很少的共识
□人们能适当地竞争	□人们只对群体表现出少量的责任
□群体内部有共识	□群体的成员试图说服对方
□我们正在达到我们的目标	□群体内只有很少的人在积极倾听

续　表

A 类行为	B 类行为
□我们互相理解	□群体被一两个人主宰
□我们互相帮助和互相支持	□群体内很少有交流思想的机会
□人们在群体内成长和发展	□群体内成员之间并不社交
打钩的数目：	打钩的数目：
C 类行为	D 类行为
□成员间的关系被建立	□人们开始开诚布公
□群体内增强了对他人的敏感性	□以前不被表达的情感现在被表达
□设定了共同工作的方法	□以前没有被提出的话题现在被提出
□角色和责任是清晰的	□分歧消失
□标准工作模式被建立	□群体是内省型的
□成员为群体的贡献均等	□人们开始冒险
□有一种团队的感觉	□人们更愿意倾听
—	□我们开始感觉是一个团队，而并非是一个群体
打钩的数目：	打钩的数目：

统计你在表 5 - 17 每个框中的打钩数目。看看你的打钩数目最高的是哪类行为，它就代表了你对组织发展阶段的理解。

- A 类行为是指组织破冰阶段。
- B 类行为是指组织风暴阶段。
- C 类行为是指组织融合阶段。
- D 类行为是指组织高效阶段。

结束语
领导力发展四大变速挡的应用

【案例】

奥科集团主席兼创始人李风云经过著名领导力发展顾问欧阳华的点拨后，颇有茅塞顿开、相见恨晚的感觉。于是他决定聘请欧阳华及其团队，针对公司总监级管理者，诊断并且改善他们的间接领导能力，提供给他们更多的间接领导力工具和方法。

欧阳华淡然一笑："李总，感谢您的信任。如果真要制订和实施领导力改善计划的话，那不仅需要改善他们的间接领导能力，也需要诊断和改善他们的面对面领导力和追随者力，甚至他们的组织决策领导力。"

李风云很诧异："这些人是我们的大团队管理者，他们最需要改善的，难道不是间接领导力吗?"

欧阳华解释道："李总，企业的各级领导者最需要改善和提高哪个领导力变速挡取决于两个要素。第一个是由其管理层级和岗位职责决定的领导力需求，例如您公司管理大团队的总监级领导者，他们最需要改善和提高的肯定是间接领导力。第二个是他们自身存在的领导力发展短板，短板有两个维度，一个是下行短板，一个是上行短板。

"对于您公司的总监级领导者，下行短板就是诊断他在间接领导力及以下的变速挡中，究竟哪个是对其产生重大负面影响的薄弱环节和短板。很多人误认为以间接领导力为关键能力的领导者就不需要面对面领导力和追随者力了，其实他们同样需要追随者力，从而在上下左右人际关系中赢得信任，他们同样需要面对面领导力去驱动和带领他们的直接下属和核心管理者。因而如果面对面领导力和追随者力这两个变速挡存在致命问题，那会严重影响间接领导力效用的发挥。例如您的大公子世昌，就存在追随者力这一个下行短板。

“而如果这部分总监级领导者是公司未来核心决策层的候选人，那他们也要被诊断是否存在上行短板，而他们的上行短板，则正是组织决策领导力。您的二公子世誉虽是个优秀的间接领导者，但却不是一个合格的组织决策领导者，他存在领导力发展的上行短板。

“所以我建议，对这批总监级的领导者，先进行领导力发展短板的评估，根据评估的结果，再结合其层级与岗位对领导力的需求，制订科学且完善的发展计划。”

李风云点头称是：“专家就是专家，比我想得全面，就按您的建议去办。”

在李风云和欧阳华的这次对话中，欧阳华阐述了运用领导力发展的四大变速挡来诊断问题，制订发展计划的实际应用，他的观点和评论也给众多希望运用变速领导力模型的企业和领导者提供了注意事项和实战建议。

正如欧阳华所提示的，领导力发展四大变速挡的应用需要特别把握一大误区、两大标尺以及三大方向。

1. 领导力应用的一大误区

这一大误区即指很多人会误以为处于高阶变速挡的领导者就不再需要运用和发展低阶变速挡的领导力了，这一观念必须得到修正。即使是组织决策领导者，也需要在工作中根据不同情形、不同对象、不同问题使用到追随者力、运用到面对面领导力以及采用到间接领导力。同理，间接领导者也需要运用到追随者力和面对面领导力。只不过职级和岗位的需求决定着组织决策领导者最关键和首要的领导能力是组织决策领导力，间接领导者最关键和首要的能力是间接领导力。

2. 领导力发展四大变速挡应用的两大标尺

这两大标尺即指在考量各级领导者最需要提升哪方面能力时，必须同时参考两大标尺。一是职级和岗位的需求，二是领导者在四大变速挡上最大的短板。例如某位大型企业的事业部总监，其职级和岗位要求决定了他最需要提升的是间接领导力。但如果被诊断出他个人的自我管理严重影响了团队对他的信任，那他的最大短板就是追随者力，因而这位总监需要同时着力提升间接领导力和追随者力。企业和领导者在制订领导力发展计划时，应同时参考职级岗位需求以及领导力发展短板这两大标尺。

3. 领导力发展四大变速挡应用的三大方向

这三大方向即指领导力的上行发展、下行发展和水平发展。对于任何领导者而言，随着职位的不断提升，团队规模的不断扩大，他的领导力发展，应该不断往更高变速挡切换，这就是领导力的上行发展。如果领导者自身领导力的上行发展落后于自身管理岗位的提升速度，那会产生“领导力挡位滞后”的现象。例如一个位列企业核心决策层的领导者依然只擅长和依赖面对面领导力，这就意味着他在领导力的上行发展上严重滞后。

同样，身居高位的领导者，如果被诊断出更低挡位的领导力存在明显的短板，那他就需要进行领导力的下行发展，去修复和弥补自己的短板。例如一个组织决策领导者无法有效带动和影响自己的核心下属，无法获得这几个核心下属的支持和信任，那他就需要修补和提升自己的面对面领导力。

如果领导者的职级岗位要求和领导力短板恰好重合，那领导者短期内最迫切的任务就是水平发展自己岗位要求和能力短板共同指向的领导力挡位，而暂时不用考虑向上和向下发展。例如一个规模较小部门的经理恰好被诊断出特别缺乏面对面领导力，那在接下来一段时期内，他的能力发展重点就是面对面领导力。

总之，领导力发展四大变速挡应用的一大误区、两大标尺以及三大方向可以作为企业领导力发展的方向指引和重要参考。